pasta

del Mundo

© 2004 Feierabend Verlag OHG,
Mommsenstr. 43, D-10629 Berlin.

Idea: Peter Feierabend
Recetas, estilismo, producción: Patrik Jaros
Colaboración recetas: Martina Dürkop
Corrección del texto original: Martina Dürkop
Colaboración: Bamboo
Fotografías: Günter Beer - food.beerfoto.com
Ayudante: Kathi Günter, Sarah David-Spickermann
Fotografías realizadas en BuenavistaStudio, Barcelona
Maqueta: Kathi Günter, Günter Beer

Gestión multilingüe: LocTeam, S. L., Barcelona
www.locteam.com
Traducido del alemán por Marta Borrás

© texto, diseño, fotografías, recetas:
Günter Beer, Patrik Jaros, Feierabend Verlag OHG

Impresión y encuadernación: Stalling GmbH, Oldenburg
Printed in Germany
ISBN: 3-89985-084-X
63 05054 1

Importante: Los alimentos – sobre todo el pescado y el
marisco- deben ser frescos y estar en buen estado. La lechuga y
similares deben lavarse bien. Es recomendable que las personas
que puedan estar expuestas a una intoxicación por salmonela
(en especial las personas mayores, las mujeres embarazadas,
los niños de corta edad y las personas con inmunodeficiencia)
consulten a su médico de cabecera si pueden consumir huevos
crudos, así como pescado y marisco crudo.

Frauke Koops   Günter Beer

pasta
del Mundo

Feierabend

Contenido

Grado de dificultad

✳✳✳

Tiempo de cocción

40

La pasta, reina de la cocina

No se sabe a ciencia cierta si la cuna de la pasta fue China y si Marco Polo la trajo consigo de vuelta a casa, o si el delicioso invento debe agradecerse a los italianos. El hecho es que no existe ningún otro alimento tan versátil. Ya se trate de los wan-tan, de los fideos soba o de lo fideos de celofán chinos, de los centenares de variaciones italianas, fruto de la pasión y la imaginación, de los fideos de queso cheddar americanos o de los pizzoccheri suizos, la pasta es apreciada en todo el mundo y se ha convertido en sinónimo del estilo de vida moderno. Se trata de un alimento rápido, actual y apreciado en el refinado arte de los estilistas culinarios, que siempre saben descubrir nuevos aspectos y facetas de las pastas alimenticias.

Los restaurantes de moda de las metrópolis que se extienden desde Nueva York hasta Sydney aguardan con estrafalarias sorpresas a los clientes que nunca aborrecen la pasta y que están siempre dispuestos a dejarse sorprender por nuevas combinaciones. La pasta es el plato estrella y protagoniza recetas italianas clásicas, asiáticas, eclécticas, pacíficas, dulces y saladas.

Desde los Linguine con almejas (pág. 50) hasta los Fideos con salsa de café y cardamomo (pág. 177), pasando por los Spaghettini Nerone (pág. 12), en este libro se recoge tanto la tradición culinaria italiana como el toque exótico que presentan los platos chinos salteados en el wok.

Le presentamos las infinitas posibilidades de la pasta tanto en forma de recetas euroasiáticas tradicionales como de novedosas sorpresas culinarias.

¡Déjese seducir!

Salsa de tomate
Italia

Para 1 litro de salsa

2 latas de tomate pelado (unos 800 g)

6 cucharadas de aceite de oliva

2 cebollas rojas picadas

2 dientes de ajo picados

1 cucharada de concentrado de tomate

Ramitas de albahaca para aromatizar al hervir

Sal
Pimienta negra recién molida
1 pizca de azúcar

Hojas de albahaca cortadas en trozos grandes

Coloque los tomates en un colador y déjelos escurrir.
Reserve el jugo y corte los tomates en cuartos, retire las
pepitas y, a continuación, córtelos en dados.
Caliente el aceite de oliva, añada la cebolla y el ajo, y rehóguelos;
incorpore el concentrado de tomate y déjelo cocer todo.
Cueza igualmente las ramitas de albahaca; sazónelo con sal,
pimienta negra y una pizca de azúcar. Vierta encima la salsa
de tomate y deje cocer la mezcla unos 20 minutos. La cantidad
de jugo de tomate debe reducirse a la mitad.
Añada los tomates cortados en dados, retire las ramitas
de albahaca y déjelo cocer otros 5 minutos.
Por último, rectifique de sal, pimienta negra y azúcar, e incorpore
las hojas de albahaca cortadas. Antes de que se enfríe la salsa
de tomate, viértala en tarros de conserva y tápelos.
Una vez fría, la salsa se conserva entre 1 y 2 semanas si
se guarda en el frigorífico.

Nota
Forme un ramillete atando las ramitas de albahaca con bramante
para luego poder extraerlo fácilmente de la salsa.
Se trata de una salsa de tomate de fácil elaboración pero muy
sabrosa.
En los meses en los que el tomate maduro escasea, disponer
de reservas de esta sencilla pero deliciosa salsa resulta una
alternativa excelente.

Spaghettini Nerone
Italia

1 cebolla picada

1 diente de ajo picado

½ guindilla seca, majada

3 cucharadas de aceite de oliva virgen extra

500 ml de salsa de tomate (véase receta pág. 10)

500 g de spaghettini

1 trozo de mantequilla fría (unos 30 g)

Sal
Pimienta negra recién molida

2 cebollas rojas cortadas en aros muy finos

Además de conferir al plato algo de color, la cebolla roja resulta menos picante que la blanca.

Dore la cebolla, el ajo y la guindilla en el aceite de oliva.
Vierta encima la salsa de tomate y sazónela con sal y pimienta negra.
Entretanto, hierva al dente los spaghettini en abundante agua salada durante unos 8 minutos.
Páselos a un colador, déjelos escurrir e incorpórelos a la cacerola con la salsa de tomate caliente.
Deje cocer los spaghettini con la salsa de tomate hasta que se impregnen bien.
Inmediatamente antes de servir, añada la mantequilla fría y revuelva.
Disponga la pasta en platos precalentados y sírvala con finísimos aros de cebolla por encima.

✳ 25

Hierbas aromáticas

1 Cilantro
2 Albahaca tailandesa
3 Cebolletas
4 Mejorana
5 Laurel (seco)
6 Eneldo
7 Menta
8 Salvia
9 Albahaca
10 Perejil

Caldo de pollo

1 pollo para sopa (de 1,3 kg)

3 litros de agua

200 g de cebollas peladas
150 g de zanahorias peladas
3 tallos de apio
1 puerro
1 bulbo de hinojo
1 cabeza de ajo partida por la mitad

4 hojas de laurel
2 clavos
8 enebrinas
4 granos de pimienta
1 cucharada de sal marina
1 manojo de perejil

1 manojo de hojas de hinojo

Hojas de apio

La piel blanca y la carne prieta del pollo, además de un buen olor, revelan que es fresco y que está en buen estado.

Esta sopa resulta igual de deliciosa preparada con cebolla blanca o con cebolla roja.

Lave bien el pollo por dentro y por fuera, y retire los posibles restos de sangre. Dispóngalo en una cazuela con agua fría, sazónelo con sal marina y déjelo hervir a fuego lento. Si se forma espuma o si la grasa del pollo se coagula, retírela con una espumadera; déjelo hervir durante 1 hora más, esta vez sin retirar la grasa.
Añada las hortalizas, las especias y las hierbas, y déjelo cocer 1 hora más. Si se evapora mucha agua, vierta un poco más para restablecer la cantidad original.
Con cuidado, retire el pollo y las verduras cocidas, y cúbralos hasta que vaya a utilizarlos.
Pase la sopa por un tamiz fino y resérvela.
Se conserva durante 1 semana en el frigorífico.

*90

Caldo de pollo con fideos udon, verduras y cilantro

Japón

250 g de fideos udon

1 puerro cortado en diagonal en aros finos

2 zanahorias cortadas en diagonal en tiras finas

1 manojo de cebolletas cortadas en trozos
de 3 cm de longitud

1 litro de caldo de pollo (véase receta pág. 16)

1 manojo de cilantro

Un poco de aceite de guindilla para aliñar

Si las hortalizas se cortan en trozos pequeños, se pueden servir en decorativos boles individuales.

Cueza los fideos en agua sin sal, escúrralos y dispóngalos en 4 boles para sopa precalentados. Distribuya las hortalizas cortadas entre los boles y, a continuación, vierta sobre ellas el caldo de pollo hirviendo.
Por último, espolvoree la sopa con cilantro y alíñela con unas gotas de aceite de guindilla.

Nota
Esta receta también puede prepararse con fideos de huevo chinos. En tal caso, deberán añadirse a la sopa unos trozos de carne cocida de pollo o de cerdo.

Quienes deseen una sopa picante pueden aderezarla con aceite de guindilla o salsa de ostras.

* 30

Fideos soba fríos con huevo crudo y cebolleta

Japón

250 g de fideos soba (fideos de alforfón)

4 huevos muy frescos, fríos

1 manojo de cebolletas

4 cucharadas de salsa de soja

Hierva los fideos soba en agua sin sal, escúrralos
y páselos por agua fría.
Dispóngalos en 4 platos.
Casque cada huevo en un bol pequeño sin romper la
yema. Añada la cebolleta cortada fina y vierta encima
1 cucharada de salsa de soja.

Este plato se come del modo siguiente: revuelva
ligeramente el huevo, la cebolleta y la salsa de soja
del bol con palillos, pero sin que el huevo quede batido.
Moje los fideos fríos en la mezcla procurando que
queden bien empapados de huevo.

Los fideos soba ya no son una
especialidad exótica; hoy en día
pueden adquirirse en cualquier
establecimiento de comida asiática.

*30

Minestrone con ditalini
Italia

1 cebolla pelada

1 diente de ajo pelado

2 zanahorias peladas

¼ apio nabo

½ bulbo de hinojo limpio

1 tallo de apio

1 puerro pequeño

80 g de hojas de col rizada

60 g de judías tiernas

2 cucharadas de aceite de oliva

750 ml de caldo de pollo (véase receta pág. 16)

60 g de ditalini

Sal
Pimienta negra recién molida

2 cucharadas de pesto (véase receta pág. 92)

Queso parmesano recién rallado

Pan blanco

Es preferible cortar las distintas verduras por separado en trozos de tamaño similar e ir incorporándolas en la cacerola sucesivamente, según el tiempo de cocción que requieran.

Corte en trozos pequeños la cebolla, el ajo, las zanahorias, el apio nabo, el hinojo, el apio, el puerro, la col rizada y las judías.
Caliente el aceite de oliva y dore la cebolla y el ajo.
Añada la zanahoria y el hinojo, salpimiente, vierta encima el caldo de pollo y déjelo hervir a fuego lento durante 10 minutos.
A continuación, añada el resto de las verduras y déjelo cocer otros 10 minutos.
Cueza los ditalini en agua hirviendo con sal durante 6 minutos, escúrralos e incorpórelos a la sopa.
Espolvoree la sopa minestrone con parmesano recién rallado y alíñela con el pesto. Tueste el pan, y aderécelo con un poco de aceite de oliva y sal. Sírvalo junto con la minestrone.

*45

Tomates de Montserrat rellenos de pasta

España

Los tomates de Montserrat se reconocen por la forma de calabaza y las vetas verdes que presentan.

8 tomates de Montserrat maduros

250 g de pajaritas

150 tomates cherry

2 zanahorias picadas

1 ajo chalote picado

1 cucharada de alcaparras
40 g de aceitunas negras deshuesadas
40 g de aceitunas verdes deshuesadas

½ manojo de perejil, bien picado
Hojas de menta bien picadas
Hojas de apio (las más blancas)

6 cucharadas de aceite de oliva virgen extra

4 cucharadas de vinagre de jerez

Sal
Pimienta negra recién molida

1 cucharada de pesto

Corte la parte superior de los tomates, resérvela y vacíe los tomates con una cuchara pequeña.
Cueza la pasta según las instrucciones del paquete, escúrrala y pásela por agua fría.
Corte los tomates cherry en cuartos y mézclelos en un bol junto con la zanahoria, el apio y el ajo chalote. Pique las alcaparras y las aceitunas negras y verdes, e incorpórelas también al bol.
Sazone la mezcla con sal, pimienta, aceite de oliva y vinagre de jerez y, a continuación, agregue las hierbas picadas.
Añada la pasta y distribuya la mezcla resultante entre los tomates vacíos. A continuación, colóqueles las tapas reservadas.
Añada un poco de pesto, espolvoree con hojas de menta y de apio, y aliñe con aceite de oliva.

Nota
Ésta es de una deliciosa receta estival en la cual el tomate puede sustituirse por pepino. En tal caso, sustituya la menta por eneldo.

También pueden emplear aceitunas adobadas.

*30

Orecchiette con brécol y cebolla roja

Italia

600 g de brécol

500 g de orecchiette

Sal

2 dientes de ajo pelados

4 cucharadas de aceite de oliva

2 cucharadas de mantequilla

100 g de queso ricota fresco

1 cebolla roja cortada en aros finos

Un poco de aceite de guindilla

Pimienta negra recién molida

Retire las hojas y el tronco del brécol. Pele éste último y córtelo en trozos pequeños. Según el tamaño, corte los ramilletes por la mitad o en cuartos.
Cuézalo ligeramente en abundante agua salada y, a continuación, escúrralo. Páselo por agua muy fría.
Cueza las orecchiette en abundante agua salada durante 12 minutos, escúrralas y reserve el agua de cocción.
Entretanto, dore ligeramente el brécol con un poco de aceite de oliva. Corte el ajo en rodajas y añádalo a la sartén para que se dore durante 5 minutos más. Incorpore las orecchiette y vierta encima un par de cucharadas del agua en la que se ha cocido la pasta.

Añada el resto del aceite de oliva y la mantequilla, deje cocer unos instantes y salpimiente generosamente.
Pase la mezcla a un bol grande. Distribuya por encima trozos pequeños de ricota y aros de cebolla y, por último, aliñe con aceite de guindilla.

Nota
Quienes gusten de los platos condimentados pueden añadir a esta receta una anchoa picada y queso parmesano recién rallado.

*25

Gemelli aglio e olio con ajo tostado

Italia

500 g de gemelli

4 dientes de ajo pelados

2 guindillas frescas, o al gusto

6 cucharadas de aceite de oliva virgen extra

1 trozo de mantequilla fría

Sal
Pimienta negra recién molida

Hierbas frescas, al gusto

Corte el ajo en rodajas finas. Maje las guindillas en el mortero o píquelas con un cuchillo. Tenga en cuenta que las semillas suelen ser muy picantes.

Si no desea elaborar un plato demasiado fuerte, parta primero las guindillas por la mitad y deseche las semillas.

Hierva los gemelli en abundante agua hirviendo durante 3 minutos.

Entretanto, caliente aceite de oliva y dore el ajo; añada la guindilla.

Escurra la pasta y reserve el agua de cocción. Incorpore la pasta caliente en aceite de oliva y vaya añadiendo el agua reservada con la ayuda de un cacillo. Salpimiente y aderece con la mantequilla.

Espolvoree al gusto con hierbas frescas, como perejil o albahaca picados, y sírvalo inmediatamente.

Nota
Regla fundamental para preparar recetas de pasta italiana: reserve siempre un poco del agua en la que ha cocido la pasta para elaborar la salsa, ya que el almidón que contiene hará que la salsa quede ligada, además de realzar el sabor del plato.

*35

Riccioli con gjetost
y grosellas rojas

*30

Riccioli con gjetost y grosellas rojas
Suecia

500 g de riccioli

60 g de mantequilla de fría

300 g de queso gjetost cortado en dados de ½ cm

Nuez moscada fresca rallada

150 g de grosellas rojas

Sal
Pimienta negra recién molida

Cueza los riccioli en abundante agua salada según las instrucciones del paquete. Escúrralos y devuélvalos a la cacerola hasta que quede solamente 1 cm de agua de cocción. Añada los trozos de mantequilla y los dados de gjetost, y déjelo cocer hasta que se haya reducido el líquido y el queso comience a fundirse.
Sazone con la sal, la pimienta negra y la nuez moscada. A continuación, sirva la pasta en platos con las grosellas por encima.
El ligero dulzor del queso y la acidez de las grosellas constituyen una mezcla interesante.

Nota
El gjetost es un queso noruego elaborado con suero de leche de vaca y cabra, además de nata.
Al calentar el queso, la lactosa que contiene el suero de leche se carameliza y le confiere su característico sabor.

En Noruega, el gjetost se suele tomar en el desayuno acompañado de mermelada.

Gnocchette con radicchio, alcaparras y scamorza

Italia

2 cabezas de radicchio cortado en tiras

½ diente de ajo bien picado

½ manojo de salvia cortada en trozos grandes

6 cucharadas de aceite de oliva

1 cucharada de alcaparras
50 g de aceitunas verdes deshuesadas y picadas

500 g de gnocchette

100 g de queso scamorza cortado en dados
pequeños

Sal
Pimienta negra recién molida

El scamorza affumicata, es un queso ahumado de pa
hilada o cuajada amasada elaborado con leche de vac

Vierta el aceite de oliva en una sartén.
Dore el ajo y las hojas de salvia, añada la mitad
del radicchio y deje cocer unos 5 minutos.
Seguidamente, añada las alcaparras y las
aceitunas, y salpimiente.
Vierta los gnocchette, que entretanto debe haber
cocido al dente, y mézclelos bien con la salsa.
Luego, añada un cacillo de agua de cocción en la
pasta y dispóngala en platos.
Por último, espolvoree la pasta con dados de
scamorza y el resto de las tiras de radicchio crudo,
y sirva inmediatamente.

* 35

Ricota romana

Este queso suave tirando a dulzón se produce con suero de leche de vaca u oveja. La palabra «ricotta» significa cocido y hace referencia al proceso de elaboración del queso.

Mozzarella

Este queso blanco elaborado con leche de búfala o de vaca es originario de Italia y se macera en un baño de suero de leche ligeramente salado. Su nombre deriva de «mozzare», que significa cortar, debido a que el queso se estira y se corta en su forma característica.

Rulo de queso de cabra

Se comercializa en distintos grados de curación, desde fresco hasta muy curado. El queso fresco se emplea en rellenos, mientras que para cocer o rallar se utiliza preferentemente el queso curado. Presenta un ligero sabor a avellanas y a setas.

Parmesano

Dos años de curación proporcionan a este queso un aroma especial. Resulta imprescindible en casi todos los platos de pasta italianos, ya sea rallado o cortado en láminas finas.

Tipos de queso

Manchego
El nombre del queso español más conocido se remite a la raza de ovejas manchega de la región de La Mancha. Es característica su corteza oscura con las marcas del molde donde se cura.

Gorgonzola
Este queso italiano de moho azul posee un sabor algo picante, si bien cuando está poco curado presenta notas algo dulzonas.

Marcellin
Este queso blando cremoso de origen francés se elabora con leche cruda de vaca. Confiere a las salsas de queso o a los rellenos para ravioli el toque de sabor necesario.

Provolone
Este queso elaborado con leche de vaca también se prepara en su versión ahumada. Cortado en trozos pequeños resulta ideal para realzar el sabor de los platos de pasta con verduras, así como de las ensaladas.

Rigatoni al gorgonzola

Italia

La combinación de los tres quesos con una pizca de nuez moscada y algo de pimienta conforman una salsa exquisita.

250 g de nata

100 ml de leche

200 g de queso gorgonzola sin la corteza

50 g de queso mozzarella

50 g de queso parmesano

500 g de rigatoni

Pimienta negra recién molida
Nuez moscada recién rallada

En una cacerola poco honda, cueza la nata y la leche.
Corte el gorgonzola y la mozzarella en dados pequeños,
y ralle fino el parmesano.
Añada los quesos a la mezcla de nata y leche cocida,
y sazone con la pimienta negra y la nuez moscada.
Simultáneamente hierva al dente los rigatoni siguiendo
las instrucciones del paquete, escúrralos y añádalos a
la salsa de queso.
Revuelva bien la pasta y sírvala.
Por último, sazone con abundante pimienta negra molida
gruesa.

Macarrones gratinados con queso cheddar

EE.UU.

500 g de macarrones cortos

500 ml de salsa besamel (véase receta pág. 64)

350 g de queso cheddar rallado

100 g de migas de pan

40 g de mantequilla

Sal
Pimienta negra recién molida

Cueza los macarrones en abundante agua salada la mitad del tiempo que se indique en las instrucciones del paquete.
Escúrralos y páselos por agua fría.
Prepare la salsa besamel y funda en ella el queso cheddar.
Disponga la salsa y la pasta en un molde para soufflés untado con mantequilla.
Funda la mantequilla y mézclela con las migas de pan, pero no deje que se tuesten.
Sazone las migas con pimienta y algo de sal, y viértalas sobre la pasta.
Caliente el horno y cueza la pasta a 180°C durante 1 hora aproximadamente. Si es necesario, cubra el molde con papel de aluminio para evitar que las migas untadas se tuesten demasiado.

Nota
Este soufflé también puede combinarse con carne de ave asada o escalopines de ternera en salsa de tomate.

El sabroso cheddar es el queso preferido por la cocina anglosajona. En esta receta se ralla fino y se espolvorea sobre el soufflé.

*40

Tagliatelle con espárragos trigueros

Italia

1 kg de espárragos trigueros frescos

60 g de mantequilla

Sal
Azúcar
Pimienta negra recién molida

½ manojo de perejil muy picado

600 g de tagliatelle frescos (véase receta pág. 153)

50 g de perifollo bien picado

Pele el tercio inferior de los espárragos; corte y deseche aproximadamente 1 cm de la parte inferior. Corte las yemas de espárrago de modo que midan unos 7 cm de largo.
A continuación, corte los tallos en rodajas finas. Derrita la mitad de la mantequilla y dore las rodajas de espárrago. Entretanto, cueza las yemas en abundante agua salada con una buena pizca de azúcar, añádalas a las rodajas de espárrago y sazónelas con sal y pimienta.
Hierva los tagliatelle al dente e incorpórelos a los espárragos. Espolvoree la mezcla con las hierbas, agregue el resto de la mantequilla fría, revuelva y sírvalo de inmediato.

Conserve siempre los espárragos envueltos en un paño húmedo dentro del cajón de las verduras del frigorífico hasta que vaya a utilizarlos.

*40

Bucatini all'amatriciana
Italia

3 cebollas blancas

2 dientes de ajo

200 g de panceta cortada en lonchas y sin la corteza

3 cucharadas de aceite de oliva

400 ml de salsa de tomate (véase receta pág. 10)

500 g de bucatini

Pimienta negra recién molida

Un poco de queso parmesano rallado

Tocino, cebolla, tomate y pasta: ingredientes
sencillos, rápidos de cocinar y de delicioso sabor.

Pele las cebollas, pártalas por la mitad y, a
continuación, córtelas en cuartos. Pele los ajos
y píquelos bien.
Corte la panceta en tiras de ½ cm de grosor.
Disponga la panceta en el aceite de oliva, añada la
cebolla y el ajo, y rehóguelo todo hasta que se dore.
Incorpore la salsa de tomate y déjelo cocer a fuego
lento unos 10 minutos para que la panceta aromatice
la salsa.
Hierva los bucatini al dente siguiendo las instrucciones del paquete, escúrralos y agréguelos a la salsa.
Revuelva bien para mezclarlo todo y sírvalo en platos.
Por último, espolvoree el plato con pimienta negra y
parmesano rallado.

* 35

Plumas con dados de berenjena y salami picante

Italia

400 g de berenjenas cortadas en dados de 1 cm

6 cucharadas de aceite de oliva

Sal
Pimienta negra recién molida

1 cebolla picada

1 diente de ajo bien picado

1 ramita de romero

1 guindilla bien picada

5 tomates ciruela pelados, cortados en cuartos
y sin las pepitas

200 g de salami picante

500 g de plumas

200 g de tomates cherry

1 cucharada de mantequilla

Caliente el aceite de oliva en una sartén y dore los
dados de berenjena. Sazone con sal y pimienta negra.
A continuación, añada la cebolla picada, el ajo, las hojas
de romero y la guindilla, y déjelo cocer otros 2 minutos a
fuego lento.
Corte los cuartos de tomate en dados pequeños y
agréguelos a la berenjena.
En otra sartén antiadherente, rehogue en seco el salami
e incorpórelo a la mezcla de tomate y berenjena.
Entretanto, hierva la pasta al dente en abundante agua
salada según las instrucciones del paquete y escúrrala.
Vierta sobre ella la salsa, los tomates cherry y la mantequilla, y salpimiente.
Mézclelo bien y sírvalo.

Los tomates cherry conservan todo su frescor si se sumergen en agua fría
hasta su uso.

*40

46

Linguine con almejas

*25

Linguine con almejas
Italia

500 g de linguine

250 g de almejas grandes lavadas

3 cucharadas de aceite de oliva virgen extra

1 diente de ajo bien picado

1 ajo chalote picado

100 ml de vino blanco seco

3 tomates ciruela pelados y cortados en cuartos

1 cucharadita de aceite de guindilla

1 manojo de perejil bien picado
½ manojo de albahaca bien picado

20 g de mantequilla fría cortada en láminas

Hierva los linguine al dente en abundante
agua salada.
Una vez limpias, deje escurrir las almejas en
un colador.
Caliente el aceite de oliva y dore el ajo y el ajo
chalote. Añada las almejas y vierta sobre ellas
el vino blanco. Tape la cacerola y deje que las
valvas se abran.
Retire la tapa y agregue los dados de tomate.
Mezcle las hierbas picadas con el aceite de
guindilla y, junto con los linguine, viértalas sobre
las almejas.
Añada la mantequilla y déjelo cocer hasta que
el líquido de la pasta se haya evaporado.
Disponga la pasta en una fuente y sírvala.
.

Tradicionalmente, en Italia los moluscos
se marinan en aceite condimentado.

Retire siempre la piel del tomate: es algo engorroso,
pero la receta resulta mucho más sabrosa.

* 30

Fideos de celofán fritos con sopa fría de sandía
Tailandia

Antes de batir la pulpa de la sandía es preferible retirar las pepitas.

1 sandía madura (unos 2 kg)

200 ml de vino blanco afrutado (riesling o sauvignon)

2 cl de vodka

1 paquete de fideos de celofán

1 litro de aceite de maíz para freír

Azúcar glas para espolvorear

125 g de fresas silvestres

Atención: no ponga demasiados fideos a la vez en el aceite; así, su volumen aumentará en una quinta parte.

Parta la sandía, retire la piel y corte la pulpa en dados grandes.
En una batidora de tipo americano, mézclela brevemente con el vino blanco y el vodka. Introduzca la mezcla en un recipiente y déjela enfriar en el frigorífico durante al menos 1 hora.
En un cazo para leche (alto y estrecho de unos 20 cm de diámetro), caliente el aceite a 160 °C.
Con la ayuda de unas tijeras, corte los fideos en cuatro partes y fríalos en el cazo por tandas. Asegúrese de que los fideos aumenten en una quinta parte su volumen original y de que el cazo esté lleno de aceite hasta la mitad. La fritura en sí dura apenas unos segundos.
Deje escurrir los fideos fritos sobre papel de cocina y, antes de que se enfríen, espolvoréelos con azúcar glas.
Disponga la sopa fría de sandía en platos hondos previamente enfriados y coloque encima los fideos.
Decore el plato con las fresas y vuelva a espolvorear con azúcar glas.

Nota
Sirva el plato inmediatamente pues, de lo contrario, los fideos se empaparían demasiado de líquido y perderían su textura crujiente.

30

Fideos negros

España

2 calamares medianos limpios

30 g de mantequilla

1 cebolla blanca picada

1 diente de ajo bien picado

500 g de fideos

4 sobres de tinta de calamar

1½ litro de caldo de pollo (véase receta pág. 16)

Sal

Pimienta negra recién molida

2 rodajas de mantequilla fría

La tinta de calamar se comercializa preparada en bolsitas.

Corte el tubo del calamar en rodajas de 1 cm de grosor y parta la cabeza por la mitad. Dore el calamar con la mantequilla derretida, añada la cebolla y el ajo picado y, a continuación, salpimiente. Añada los fideos sin cocer, extraiga la tinta de calamar del envase y mézclela con los fideos.

Vierta encima el caldo de pollo y tape la cacerola. Caliente el horno a 160 °C y cueza los fideos entre 15 y 20 minutos. Retire los fideos del horno y, con la ayuda de un trinchante, mézclelos con la mantequilla fría para que queden brillantes. Si es necesario, rectifique de sal y pimienta, y sirva en platos.

*40

Curry de tofu con espárragos y tomates cherry
Tailandia

1 cucharada de concentrado de curry rojo

6 cucharadas de aceite de cacahuete

1 cucharada de azúcar de palma

4 cucharadas de salsa de soja clara

400 ml de leche de coco

500 g de ramilletes de brécol limpios

150 g de tomates cherry

250 g de fideos de arroz

½ manojo de albahaca tailandesa fresca

300 g de tofu cortado en dados de 2 cm

Tueste ligeramente el concentrado de curry rojo con 2 cucharadas de aceite de cacahuete y el azúcar de palma. Vierta encima la salsa de soja y un poco de leche de coco, y déjelo cocer. Añada, a continuación, el resto de la leche de coco, y cueza a fuego lento durante otros 10 minutos.
Pele el tercio inferior de los espárragos. Parta y deseche 1 cm del tallo y corte el resto en trozos de 4 cm.

Los aromas exóticos se combinan en esta receta para formar una salsa exquisita.

En un wok, dórelos bien en el resto del aceite durante unos 2 minutos y añádalos a la salsa de curry junto con los tomates cherry.
Déjelo cocer otros 5 minutos.
Por último, agregue al curry la albahaca tailandesa, los dados de tofu y los fideos de arroz cocidos, y sírvalo inmediatamente.

Nota
Si desea un plato aún más aromatizado, justo antes de servirlo disponga sobre el curry tiras finísimas de hojas de limonero y guindillas frescas cortadas en aros.

Las especias deben conservarse en recipientes herméticos y opacos. De este modo conservan todo su aroma y sabor.

**45

Salsa boloñesa
Italia

Para 1 litro de salsa aprox.

1 cebolla blanca picada

2 ajos chalotes picados

4 cucharadas de aceite de oliva

1 diente de ajo majado

2 hojas de laurel

80 g de zanahorias picadas
80 g de apio nabo picado
80 g de apio picado

2 cucharadas de concentrado de tomate

1 cucharadita de mejorana seca

600 g de carne picada mezclada

1 lata de tomate pelado (unos 800 g)

6-8 hojas de albahaca

Sal
Pimienta negra recién molida

Una receta clásica, sencilla pero deliciosa.

Caliente el aceite en una cacerola no muy honda y dore la cebolla y los ajos chalotes (1). Añada el ajo majado y las hojas de laurel, y déjelo cocer de nuevo (2).
Agregue, a continuación, los dados de zanahoria, apio y apio nabo, y dórelos también (3). Incorpore el concentrado de tomate y la mejorana, y déjelo cocer de 2 a 3 minutos más (4).
Añada la carne picada y desmenúcela con una cuchara de palo para que se haga de modo uniforme (5).

Salpimiente la carne y vierta el tomate y las hojas de albahaca sobre la salsa. Revuelva y déjelo cocer a fuego lento unos 45 minutos (6).
Revuelva de vez en cuando para que la salsa no se pegue a la cacerola.
Por último, retire el diente de ajo y las hojas de laurel, y reserve la salsa en un recipiente hasta que vaya a utilizarla.

✳✳ 60

Espaguetis a la boloñesa
Italia

500 g de espaguetis

500 ml de salsa boloñesa (véase receta pág. 60)

1 rodaja de mantequilla fría

Sal
Pimienta negra recién molida

½ manojo de hojas de albahaca

Queso parmesano, al gusto

La carne picada debe ser la mitad de cerdo y la mitad de ternera para que la salsa quede bien sabrosa.

Lleve a ebullición agua con sal y hierva al dente los espaguetis durante unos 8 minutos.
Escúrralos bien. Entretanto, caliente la salsa y vierta en ella los espaguetis.
Por último, añada la mantequilla a la pasta y revuelva bien. La mantequilla realza extraordinariamente el sabor de la salsa.

Distribuya la pasta en platos precalentados y espolvoréela con hojas de albahaca cortadas en tiras y pimienta recién molida.
También puede añadir parmesano rallado al gusto.

Corte todos los ingredientes en dados pequeños: es el tamaño perfecto para elaborar la salsa.

**60

Salsa besamel

Para 750 ml de salsa aprox.

500 ml de leche
60 g de mantequilla
30 g de harina del tipo 405
250 g de nata

1 cebolla, con 1 hoja de laurel y 2 clavos ensartados (1)

Sal
Nuez moscada molida

El zumo de 1 limón

Dore la mantequilla y la harina (2+3). Vierta sobre la mezcla la leche fría y llévelo a ebullición sin dejar de remover (4+5).
Añada la cebolla y déjelo cocer todo a fuego lento durante 30 minutos (6). Remueva de vez en cuando.

Pase la salsa por un tamiz fino, añádale la nata y sazone con la sal, la nuez moscada y el zumo de limón (7). Esta receta se utiliza también como base de otras salsas como, por ejemplo, la salsa de gorgonzola, la salsa gratén, etc.

** 40

Lasaña con salsa
de carne y mozzarella
Italia

1 litro de salsa besamel (véase receta pág. 64)

750 ml de salsa boloñesa (véase receta pág. 60)

Un poco de mantequilla para untar el molde para
soufflés

250 g de láminas de lasaña verde (16 unidades)
o de láminas de pasta de espinacas (véase receta
pág. 157)

100 g de queso edamer rallado

1 trozo de queso mozzarella

2 cucharadas de aceite de oliva virgen extra

Unte un molde para soufflés con la mantequilla y cubra
el fondo con medio cucharón de salsa besamel; disponga
sobre ella las varias láminas de lasaña (2).
Vierta otro cucharón de salsa besamel sobre la pasta (3)
y coloque encima una capa de salsa boloñesa (4).
Repita esta operación hasta llenar completamente el
molde y cubrir las láminas de lasaña superiores con
salsa besamel (5+6).
Corte la mozzarella en dados pequeños y dispóngala sobre la lasaña junto con el edamer rallado. Por último, aliñe
con aceite de oliva y hornee durante unos
50 minutos a 180 °C en el horno precalentado.
Si la parte superior de la lasaña se tuesta en exceso,
cúbrala con papel de aluminio y retírela
del horno 5 minutos antes de que finalice el tiempo de
cocción indicado.

120

Lasaña con salsa de
carne y mozzarella

Penne con salsa de tomate y salsiccia
Italia

1 ajo chalote picado

½ diente de ajo picado

2 tomates pelados y sin las pepitas

300 ml de salsa de tomate (véase receta pág. 10)

500 g de penne rigate

400 g de salsiccia (salchicha italiana)

3 cucharadas de aceite de oliva virgen extra

1 cucharada de mantequilla

Sal
Pimienta negra recién molida

Hinojo para decorar

En una cacerola no muy honda, dore el ajo chalote y el ajo en 2 cucharadas de aceite de oliva.
Corte el tomate en trozos pequeños, añádalos a la cacerola y salpimiente. Vierta encima la salsa de tomate y déjelo cocer de nuevo.
Hierva los penne al dente en agua salada según las instrucciones del paquete, y mézclelos con la salsa.
Corte la salsiccia en trozos de 1 cm y dórela con 1 cucharada de aceite de oliva y mantequilla. Puesto que esta salchicha ya se comercializa salada, sólo debe condimentarse con pimienta negra recién molida.
Distribuya la pasta en platos y disponga por encima los trozos de salsiccia.
Vierta sobre la pasta el aceite de rehogar la carne para darle más sabor al plato.

Nota
Si no encuentra salsiccia, puede utilizar cualquier otro tipo de salchicha que encuentre en su carnicería.

Fideos chinos de gambas con pomelo, pimienta verde y pollo asado
California

4 muslos de pollo

2 cucharadas de aceite de maíz
½ cucharadita de curry en polvo
½ cucharadita de pimentón en polvo
1 pizca de jengibre en polvo
Pimienta negra recién molida
Sal

2 pomelos rosas

500 g de fideos de gambas finos (se venden en comercios asiáticos)

4 cucharadas de aceite de oliva virgen extra

2 cucharadas de pimienta verde en salmuera

1 manojo de cebolletas cortadas en aros

1 cucharada de copos de guindilla con gambas

La combinación de fideos de gambas y pomelo resulta perfecta, pues el cítrico confiere un sabor fresco al plato.

Parta los muslos de pollo por la mitad a la altura de la articulación y déjelos marinar durante 10 minutos en la mezcla de aceite de maíz, curry, pimentón, jengibre, pimienta y sal. Áselos a la parrilla o a la plancha por ambos lados entre 10 y 15 minutos.

Corte la parte superior e inferior de los pomelos. Con un cuchillo afilado, pele el pomelo de forma que no queden restos de la piel blanca. Córtelo en gajos y reserve el jugo. Hierva los fideos de gambas y dórelos en el aceite de oliva y el jugo de pomelo antes de que se enfríen. Añada los gajos de pomelo, los granos de pimienta verde majados, los aros de cebolleta y los copos de guindilla con gambas, y mézclelo todo con cuidado.

Sírvalo en una fuente con los muslos de pollo dispuestos encima.

** 60

Sopa de coco fría
con fideos de arroz y piña
Tailandia

2 vainas de vainilla

800 ml de leche de coco sin azúcar

4 cucharadas de azúcar moreno
sin refinar

2 cl de ron negro

200 g de fideos de arroz gruesos

250 g de piña al natural

Parta las vainas por la mitad, extraiga la
vainilla y mézclela con el azúcar moreno
y la leche de coco. Deje cocer la mezcla,
pásela a un recipiente a través de un
tamiz fino y añada ron al gusto.
Hierva los fideos de arroz, cuélelos y
añádalos a la leche de coco antes de que
se enfríen.
Déjelos enfriar en el frigorífico.

Sirva los fideos en una fuente y decórelos
con trozos de piña.
Si es posible, corte algunas hojas de la
piña, límpielas y utilícelas para decorar el
plato.

45

Espaguetis con salsa de tomate fría

Italia

Los dados de tomate, la cebolla, el ajo y las hierbas mezclados con la mostaza y el vinagre y vertidos sobre la pasta caliente le dan un toque de sofisticación a este plato.

500 g de tomates ciruela pelados y sin pepitas

2 cebollas blancas picadas

½ diente de ajo picado

2 cucharadas de alcaparras pequeñas picadas

½ manojo de perejil cortado en juliana

½ manojo de albahaca cortado en juliana

Hojas de apio (sólo las blancas)

1 cucharada de mostaza de Dijon picante

2 cucharadas de jugo de alcaparras

1 cucharada de vinagre de vino blanco

8 cucharadas de aceite de oliva virgen extra

Sal
1 pizca de azúcar
Pimienta negra recién molida

500 g de espaguetis

1 puñado de hojas de perejil, albahaca y apio picadas para decorar

Corte en dados pequeños los tomates pelados y sin pepitas. En un bol grande, mézclelos con la cebolla, el ajo, las alcaparras picadas, las hierbas, la mostaza, el vinagre y el jugo de alcaparras, y alíñelos con aceite de oliva, sal, pimienta y azúcar al gusto. Déjelo enfriar en el frigorífico durante 1 hora.

Hierva los espaguetis al dente en agua salada siguiendo las instrucciones del paquete, escúrralos y dispóngalos en platos.

Vierta la salsa de tomate fría sobre la pasta caliente y espolvoréela con las hierbas.

Añada pimienta negra al gusto.

Nota

En los días de verano calurosos, esta receta constituye una alternativa a las ensaladas frías y a la pasta caliente, porque tiene un poco de ambas. Los tomates aderezados con mostaza confieren a este plato un toque ácido y picante a la vez que hacen de él un ligero y saludable guiso veraniego.

Espaguetis con hinojo y huevas de atún

España

5 bulbos de hinojo

1 cucharadita de semillas de hinojo picadas

4 cucharadas de aceite de oliva virgen extra

1 diente de ajo bien picado

200 ml de vino blanco seco

500 g de espaguetis

½ manojo de perejil

40 g de huevas de atún ralladas

30 g de mantequilla

Pimienta negra recién molida

Las huevas de atún curadas en salazón confieren a este plato su característico sabor salado y picante.

Rehogue el hinojo y las semillas de hinojo con el aceite de oliva, añada el ajo y vierta el vino blanco; déjelo cocer ligeramente durante 5 minutos.

Simultáneamente, hierva al dente los espaguetis, escúrralos y mézclelos con el hinojo.

Agregue, a continuación, las hojas de perejil picadas, las huevas y la mantequilla, y revuélvalo bien; aderece con pimienta.

Sirva la pasta con el hinojo y hueva rallada al gusto.

**30

Conchiglie con calamares y mejillones

Italia

300 g de calamares limpios

500 g de mejillones pequeños limpios

1 ajo chalote cortado en aros finos

2 dientes de ajo con piel majados

6 cucharadas de aceite de oliva virgen extra

2 cucharones grandes de salsa de tomate
(véase receta pág. 10)

500 g de conchiglie

1 manojo de albahaca, la mitad cortado
en juliana

Sal
Pimienta negra recién molida

Corte el tubo del calamar en trozos de
3 cm. Caliente el aceite de oliva en una
sartén antiadherente, sale los calamares
y dórelos muy brevemente en el aceite
caliente.

A continuación, añada los aros de ajo
chalote, el ajo, los mejillones escurridos
y vierta encima la salsa de tomate.
Tape la sartén y deje que las valvas de
los mejillones se abran.

Entretanto, hierva al dente las conchiglie
en abundante agua salada y agréguelas a
la salsa de la sartén; revuélvalo con cuidado.
Espolvoree la pasta con las hojas de albahaca
cortadas y déjela cocer hasta impregnarla
bien con la salsa de tomate.

Sirva las conchiglie en platos, decoradas
con el resto de las hojas de albahaca y
espolvoreadas con pimienta negra.

**45

Pasta con copos de tocino

Pasta con copos de tocino

Austria

1 repollo

40 g de azúcar

300 g de cebolla cortadas en tiras a lo largo

60 g de manteca de cerdo

200 ml de vino blanco seco

500 ml de agua

40 g de mantequilla

½ cucharadita de comino picado

1 diente de ajo bien picado

100 g de tocino ahumado sin la corteza y cortado en rombos

250 g de pasta fresca blanca cortada en rombos (véase receta pág. 153)

Sal
Pimienta negra recién molida

1 cucharada de perejil bien picado

Corte el repollo en rombos de 2 cm, blanquéelo en agua salada y déjelo escurrir. En una cacerola, disuelva el azúcar con un poco de agua y déjelo caramelizar hasta que adquiera un tono dorado.
Añada, a continuación, la manteca de cerdo con las tiras de cebolla, y rehóguela a fuego lento unos 10 minutos hasta que se derrita. Agregue el repollo y, a continuación, vierta el vino blanco.
Rehóguelo entre 20 y 30 minutos y vierta un poco de agua de vez en cuando para que el repollo no se queme.
Revuelva la mitad de la mantequilla con el comino y el ajo, y aderece el repollo con esta mezcla.
Dore los rombos de tocino en el resto de la mantequilla, hierva los rombos de pasta en agua salada

Espolvoree la pasta ligeramente con harina para que no se pegue.

** 45

La panceta resulta un aromatizante perfecto para los platos de pasta.

durante 2 minutos e incorpore ambos ingredientes al repollo.
Revuelva bien, salpimiente y, una vez servida la pasta,
espolvoréela con el perejil picado.

Tagliolini de tomate con gambas picantes y champiñones
Italia

250 g de champiñones pequeños cortados en cuartos

6 cucharadas de aceite de oliva virgen extra

1 ajo chalote picado

2 dientes de ajo bien picados

400 g de gambas pequeñas peladas crudas o congeladas

2 cazos de salsa de tomate (véase receta pág. 10)

1-2 cucharaditas de aceite de guindillas al gusto

1 manojo de albahaca, la mitad cortada en juliana

600 g de tagliolini de tomate frescos (véase receta pág. 158)

Sal
Pimienta negra recién molida

En una sartén, caliente el aceite de oliva. Dore brevemente los champiñones y salpimiéntelos. Añada el ajo y el ajo chalote, rehóguelos unos instantes e incorpore las gambas crudas. Vierta encima la salsa de tomate y déjelo cocer. Aderece con aceite de guindilla al gusto, añada las hojas de albahaca y revuelva. Simultáneamente, disponga los tagliolini en abundante agua hirviendo, déles un hervor y escúrralos inmediatamente. Incorpore la pasta a la salsa y revuelva con cuidado. Forme nidos individuales de tagliolini con un trinchante y dispóngalos en platos. Distribuya sobre la pasta la salsa y las gambas que queden en la sartén, y decórelo con hojas de albahaca.

Nota
Puesto que los tagliolini son frescos y se cortan muy finos, basta con darles un hervor rápido para cocerlos. Si quedasen algo duros, déjelos un rato más sumergidos en la salsa. De este modo se impregnarán de todo el sabor de la salsa.

**30

Sopa de pasta con perejil y levística

** 30

Sopa de pasta con perejil y levística

Alemania

1 pollo para sopa (1,3 kg)

3 litros de agua

200 de cebolla

150 g de zanahorias peladas
3 tallos de apio
1 puerro
1 bulbo de hinojo

1 cabeza de ajo partida por la mitad

4 hojas de laurel
2 clavos
8 enebrinas
4 granos de pimienta de Jamaica
10 granos de pimienta negra
1 cucharada de sal marina

1 manojo de tallos de apio
1 manojo de hojas de hinojo

Hojas de apio

250 g de pasta fresca (véase receta pág. 153)

Sal (o sal marina)

½ manojo de perejil

½ manojo de levística

Nuez moscada recién rallada

Lave bien el pollo por dentro y por fuera, y retire los restos de sangre. Dispóngalo en una cazuela con agua fría, sazónelo con sal marina y déjelo hervir a fuego lento. Si se forma espuma o si la grasa del pollo se coagula, retírela con una espumadera y déjelo hervir luego durante 1 hora sin retirar la grasa.

Añada las hortalizas, las especias y las hierbas, y déjelo cocer todo 1 hora más. Si se evapora mucha agua, vierta un poco más para restablecer la cantidad original. Con cuidado, retire el pollo y las verduras cocidas, y resérvelos cubiertos hasta que vuelva a utilizarlos.
Pase la sopa por un tamiz fino y resérvela. Corte en trozos las hortalizas y vuelva a añadirlas a la sopa. Retire la piel del pollo y separe la carne de los huesos con la ayuda de un cuchillo. Córtela también en trozos y añádala a la sopa.
Hierva la pasta en abundante agua salada durante 2 minutos, escúrrala y agréguela a la sopa. Sirva la sopa en platos hondos espolvoreada con nuez moscada, y perejil y levística muy picados.

Nota
La grasa de pollo fría que se acumula en la superficie de la sopa es una especie de capa protectora. También puede emplearse en lugar de mantequilla o aceite para saltear verduras.

Pesto
Italia

2 manojos de albahaca

1 manojo de perejil

3 dientes de ajo

5 cucharadas de piñones tostados

150 g de queso parmesano recién rallado

250 ml de aceite de oliva

Sal
Pimienta negra recién molida

Pique las hojas de albahaca y perejil, pele los dientes de ajo y mézclelos con los piñones, el parmesano rallado y la mitad del aceite en un robot de cocina. Salpimiente y vaya vertiendo poco a poco el resto del aceite en el recipiente del robot de cocina y batiendo hasta que la mezcla adquiera una consistencia pastosa.

Nota
La reina de las salsas frías combina a la perfección con los espaguetis u otros tipos de pasta larga. Si se guarda en un recipiente bien cerrado en el frigorífico, el pesto se conserva durante varios días.

** 30

Linguine al pesto
Italia

500 g de linguine

120 g de pesto (véase receta pág. 92)

2 cucharadas de piñones tostados

½ manojo de albahaca

Sal

Lleve a ebullición agua con sal y hierva los linguine al dente durante unos 8 minutos. Déjelos escurrir, retire una parte del agua de cocción y resérvela. Pase la pasta a una cacerola grande, añada el pesto y vierta una buena cantidad del agua de cocción.
Caliente ambos ingredientes a la vez hasta que la pasta se haya empapado bien de pesto, lo cual ocurre cuando el queso que contiene la salsa se funde y queda suficiente líquido.
Disponga la pasta en platos y distribuya por encima los piñones tostados y las hojas de albahaca.

Si le sobra algo de salsa, puede conservarla durante algunos días en un tarro de rosca bien cerrado en el frigorífico.

Los ingredientes pueden majarse también en el mortero, si bien resulta más sencillo triturarlos en la batidora.

** 30

Rigatoni de maíz con chile de frijoles
México

20 g de azúcar

60 ml de vinagre de sidra

40 g de manteca de cerdo

300 g de cebolla blanca picada

1 diente de ajo picado

250 g de frijoles puestos en remojo durante
2 horas

1 cucharada de concentrado de tomate
1 lata de tomates pelados (unos 400 g)

500 ml de agua

250 g de pimiento rojo y amarillo troceado

150 g de maíz en grano

Salsa tabasco

500 g de rigatoni de maíz

200 g de nata agria

Sal
Pimienta negra recién molida

Después de tener los frijoles en remojo, déjelos escurrir.

Caramelice el azúcar hasta que adquiera un tono dorado y disuélvalo en el vinagre de sidra. Déjelo cocer hasta que prácticamente se haya evaporado. Añada la manteca de cerdo y dore la cebolla y el ajo. Incorpore los frijoles, salpimiente y rehóguelos. Sofría también el concentrado de tomate y vierta encima los tomates pelados y el agua.
Cuézalo en el horno a 180 °C durante unos 35 minutos en una cacerola tapada.
Transcurridos 15 minutos, añada el pimiento troceado y el maíz.
El chile de frijoles estará listo cuando tenga una consistencia espesa y brillante.
Por último, aderece con salsa tabasco al gusto.
Hierva los rigatoni de maíz con agua salada siguiendo las instrucciones del paquete y mézclelos con el chile de frijoles.

Deje cocer el guiso brevemente y distribúyalo en platos.
Para dar un toque fresco a la pasta, una vez preparada la receta puede añadirle un poco de nata agria y moler encima pimienta negra.

✶✶60

Pizzoccheri con patatas y repollo
Suiza

300 g de patatas cocidas con piel el día anterior

2 cucharadas de aceite de maíz

20 g de mantequilla

½ repollo mediano

Sal

2 cebollas cortadas en tiras finas a lo largo

½ diente de ajo bien picado

1 cucharadita de comino picado

400 g de pasta integral (medias lunas)

150 g de queso gruyer curado, rallado

1 cucharada de perejil bien picado

El repollo tierno cortado fino se cuece rápidamente. Blanquéelo sólo unos segundos para que no se reblandezca.

Pele las patatas cocidas con piel el día antes y córtelas en dados de 2 cm. En una sartén antiadherente, dórelas con la mitad del aceite hasta que queden bien fritas. Retírelas de la sartén y resérvelas.

Corte el repollo en cuartos y deseche el tronco. Retire asimismo las hojas exteriores marrones y marchitas.

A continuación, corte los cuartos de repollo en trozos de 2-3 cm y blanquéelos durante unos 2 minutos. Para ello, introdúzcalos en agua salada hirviendo y retírelos rápidamente con una espumadera.

Entretanto, caliente el resto del aceite y la mantequilla, y rehogue el ajo y las tiras de cebolla. Añada el

repollo blanqueado y rehóguelo ligeramente otros 5 minutos.

Incorpore el comino picado y las patatas, y mézclelos con la pasta todavía caliente. Rehóguelo todo unos minutos más para que los aromas de los distintos ingredientes se entremezclen.

Por último, mezcle el queso rallado y el perejil, y caliente y revuelva todos los ingredientes hasta que el queso se funda.

Si lo considera oportuno, sírvalo acompañado preferentemente de una cerveza fresca y un vasito de kirsch frío.

Nota
Resulta más fácil picar el comino si se vierten sobre él unas gotas de aceite. De este modo, las semillas se pegan unas a las otras y no salen disparadas al picarlas.

Resulta más fácil partir el repollo por la mitad, a cuartos y desechar el tronco si utiliza un cuchillo grande.

Ensalada de fideos de arroz con pimentón y copos de guindilla con gambas

Tailandia

400 g de fideos de arroz

1 pimiento rojo y 1 amarillo partidos por la mitad y sin pepitas

1 manojo de cebolletas

½ cucharadita de jengibre recién molido

3 cucharadas de salsa de pescado

2 cucharadas de salsa de ostras

1 pizca de azúcar

El zumo de 2 limas

½ manojo de cilantro

½ diente de ajo bien picado

Algunas gotas de aceite de sésamo

5 cucharadas de aceite de cacahuete

1 cucharada de copos de guindilla con gambas (se puede adquirir en comercios asiáticos)

Revuelva bien la vinagreta y viértala sobre la pasta.

Cueza los fideos de arroz en agua hirviendo y enfríelos inmediatamente con agua fría. Páselos a un bol grande y mézclelos con el pimiento cortado en tiras, la cebolleta cortada en aros y el cilantro picado. Para preparar la vinagreta, mezcle la salsa de pescado y la salsa de ostras con el azúcar, el zumo de lima, el cilantro picado, el ajo, el aceite de sésamo y el de cacahuete. Mezcle esta salsa con el resto de los ingredientes y déjelos marinar durante una hora aproximadamente.

Disponga la ensalada de pasta en boles individuales o bien en una fuente grande. Por último, espolvoree con copos de guindilla con gambas y sirva.

Nota
Esta ensalada de pasta admite también que se añadan gambas, setas o carne de ave asadas.

**30

Tipos de pasta

Tipos de pasta

Bavette livornese
Italia

2 filetes de dorada

2 filetes de salmonete

2 filetes de lubina

300 g de gambas pequeñas con la cabeza

2 dientes de ajo con piel majados

Pimienta negra recién molida

1 manojo de hojas de perejil

6 cucharadas de aceite de oliva virgen extra

El zumo de ½ limón

2 cazos grandes de salsa de tomate
(véase receta pág. 10)

500 g de bavette

Hojas de albahaca bien picadas

Sal

Cuando las gambas y los trozos de pescado se dejan marinar con las hierbas, el ajo y el limón adquieren aún más aroma.

Retire todas las escamas y los restos de espinas de los filetes de dorada, salmonete y lubina, y córtelos en trozos de 3 cm de ancho. Mézclelos con las gambas, el ajo, la pimienta, el perejil y 3 cucharadas de aceite de oliva y, a continuación, déjelos marinar durante 1 hora con el zumo de limón.
En una sartén antiadherente caliente el resto del aceite, sale el pescado marinado y dórelo brevemente en el aceite caliente. Añada la salsa de tomate y cuézalo hasta que comience a hervir.
Entretanto, hierva las bavette al dente en abundante agua salada, añádalas a la sartén y mézclelo todo con cuidado. Incorpore en la pasta las hojas de albahaca picadas y déjela cocer hasta que se haya impregnado bien con la salsa.
Por último, decore el plato con algunas hojas de perejil.

Nota
Para elaborar esta receta, cada cual puede elegir la mezcla de pescados y mariscos que prefiera.
Admite tanto gambas como calamares, almejas, pulpo, veneras, escorpena, rape o sardinas: lo importante es que la mezcla resulte sabrosa.

** 45

Tagliatelle con salmón en salsa de limón
Francia

350 g de salmón crudo cortado en filetes y sin la piel

El zumo de 2 limones

La corteza de un limón, hervida y cortada
en tiras finas

2 cucharadas de aceite de oliva virgen extra

Sal
Pimienta negra recién molida

300 ml de salsa de vino blanco (véase receta
de la derecha)

500 g de tagliatelle frescos (véase receta pág. 153)
o 400 g de pasta seca

Salsa de vino blanco

1 ajo chalote pelado

2 champiñones pequeños

1 cucharadita de mantequilla

100 ml de vino blanco seco
4 cl de Noilly Prat

250 ml de fondo de pescado

125 g de nata
100 g de crème fraîche

Sal
Pimienta de cayena

Un poco de zumo de limón

Corte el salmón en lonchas finas y déjelo marinar
en una mezcla de zumo y ralladura de limón y
1 cucharada de aceite de oliva.
Caliente la salsa de vino blanco y aderécela con el
resto del zumo y la ralladura de limón, y la sal. Hierva
los tagliatelle frescos en agua salada durante unos
2 minutos; en caso de utilizar pasta seca, cuézalos
según las instrucciones del paquete.
Añada el salmón a la salsa de vino blanco y limón.
A continuación, agregue los tagliatelle bien escurridos,
y mézclelo todo con cuidado para no romper el salmón.
Disponga la pasta en platos y sírvala con medio
limón asado.

Corte el ajo chalote y los champiñones en láminas
finas, y rehóguelos con la mantequilla. Incorpore el
vino blanco y el Noilly Prat, y cuézalos hasta que se
hayan evaporado casi por completo. Añada el fondo
de pescado y déjelo cocer hasta que la salsa
adquiera la consistencia de un jarabe: de este
modo tendrá un sabor más concentrado.
A continuación, incorpore la nata y la crème fraîche,
y déjelo cocer. Aderece con sal, pimienta de cayena
y zumo de limón. Bata la salsa y pásela por un
tamiz fino.

Pelar los limones resulta sencillo con un pelador de verduras.

La piel de limón se dispone sobre la pasta cortada en juliana
y blanqueada brevemente.

Ensalada de pasta con chutney de tomate, melocotón y gambas
Tailandia

400 g de fideos de celofán

2 tomates pelados y sin pepitas

1 cebolla blanca picada

El zumo de 2 limas

4 cucharadas de aceite de oliva virgen extra

Sal
Pimienta negra recién molida

2 melocotones maduros

200 g de gambas cocidas peladas

1 manojo de cilantro
½ manojo de cebollino

Sumerja los fideos brevemente en agua hirviendo y enfríelos a continuación con agua fría.
Páselos a un bol grande y resérvelos para marinar.
Una vez despepitados, corte los tomates en dados pequeños y déjelos marinar junto con la cebolla picada, el zumo de lima, el aceite de oliva, la sal y la pimienta negra.
Realice cruces en la piel de los melocotones con la ayuda de un cuchillo pequeño y afilado, y sumérjalos en agua hirviendo durante unos segundos para que la piel pueda retirarse con facilidad. En caso de que no se despegue, introduzca inmediatamente los melocotones en agua helada para evitar que se cuezan.

Retire la piel, parta los melocotones por la mitad y córtelos en juliana.
Añádalos a la pasta junto con las gambas y el chutney de tomate frío.
Pique el cebollino y el manojo de cilantro, e incorpórelos a la ensalada. Déjelo marinar durante ½ hora en el frigorífico y sírvalo decorado con hojitas de cilantro.

**35

Tagliatelle de setas con queso de cabra asado y mantequilla de romero

Francia

4 tomates ciruela pelados, despepitados y cortados en dados

4 cucharadas de aceite de oliva virgen extra

2 rulos de queso de cabra curado de 125 g (St. Maure)

150 g de crème fraîche

1 cucharada de hojas de romero fresco

600 g de tagliatelle de setas frescos (véase receta pág. 158)

Sal
Pimienta negra recién molida

Sazone los dados de tomate con sal, pimienta negra y un poco de aceite, y resérvelos.
Corte el queso de cabra en 12 rodajas de unos 2 cm de grosor y reserve los extremos. Ase las rodajas de queso por un solo lado a fuego lento en una sartén antiadherente hasta que se forme una costra y el queso adquiera un tono dorado. Entretanto, hierva los tagliatelle al dente en abundante agua salada y páselos a una sartén con la crème fraîche y el resto del queso de cabra cortado en trozos pequeños; sazone generosamente con pimienta negra.
Coloque los tagliatelle en platos.
Con la ayuda de una espátula y con cuidado, disponga alrededor de la pasta tres rodajas de queso con el lado tostado hacia arriba.
Disponga por encima los dados de tomate marinado y decórelo con hojas de romero bien fritas en aceite de oliva.

Nota
El queso de cabra debe ser preferentemente semicurado y no tener ceniza. Si fuera demasiado curado, al cocerlo se desharía casi por completo.

⁕⁕40

Fusilli bucati lunghi con codorniz asada y senderuelas
Italia

4 codornices con los muslos y las pechugas aparte

200 g de senderuelas frescas (en su defecto, cantarelas o setas de San Jorge)

3 clavos bien molidos
1 cucharadita de hojas de mejorana fresca
1 hoja de laurel

6 cucharadas de aceite de maíz

2 cucharadas de mantequilla

1 cazo grande de salsa de tomate (véase receta pág. 10)

500 g de fusilli bucatini lunghi

Sal
Pimienta negra recién molida
Virutas de queso parmesano para decorar

Deje marinar las pechugas y los muslos de codorniz en una mezcla de hierbas, setas y especias durante 1 hora.

Disponga las pechugas y los muslos de codorniz en un plato.
Déjelos marinar durante ½ hora con algunas senderuelas, la pimienta, el clavo molido, las hojas de mejorana, el laurel y 2 cucharadas de aceite.
En una sartén grande, caliente 4 cucharadas de aceite y fría un poco los trozos de codorniz salados con el lado de la piel hacia abajo durante 8 y 10 minutos. Riegue la carne con su misma grasa varias veces.
Retire los trozos de codorniz, dispóngalos en un plato y manténgalos calientes. En la misma sartén, incorpore la mantequilla y derrítala, agregue las setas limpias y salpimiéntelas.
A continuación, vierta la salsa de tomate.
Entretanto hierva la pasta según las instrucciones del paquete y pásela a la sartén.
Mezcle bien todos los ingredientes y sírvalos en platos.
Disponga dos pechugas y dos muslos en cada uno.
Por último, decórelo con láminas de parmesano y sírvalo.

Nota
La senderuela es una seta muy común y una de las primeras en aparecer cuando llega la primavera. Además, resulta muy sabrosa.
Tanto si se consume fresca como seca, desprende un intenso aroma a roble y a clavo, y resulta exquisito si se dora en mantequilla.

** 45

Fideos de huevo chinos con tiras de carne de vacuno y setas shiitake asadas

China

250 g de fideos de huevo chinos

500 g de lomo de vaca cortado en tiras finas

Un poco de salsa de soja

4 cucharadas de salsa Hoisin

2 zanahorias medianas peladas

150 g de setas shiitake

300 g de ramilletes de brécol limpios

6 cucharadas de aceite de cacahuete

1 cucharadita de sambal oelek

½ manojo de albahaca tailandesa

1 cucharada de copos de guindilla con gambas

Aunque no guste a todos los paladares, este plato debe condimentarse generosamente.

Hierva los fideos de huevo según las instrucciones del paquete.

Cuélelos y enfríelos pasándolos por agua fría. Déjelos escurrir bien.

Deje marinar las tiras de carne con un poco de salsa de soja y unas gotas de salsa Hoisin. Corte las zanahorias en juliana y parta las setas shiitake por la mitad o según el tamaño.

Caliente 4 cucharadas de aceite en un wok y vaya añadiendo y rehogando sucesivamente las verduras, revolviendo. Comience con el brécol y las zanahorias, y termine con las setas.

Limpie el wok con un paño seco y caliente el resto del aceite. Dore brevemente la carne marinada a fuego vivo, e incorpore y mezcle los fideos cocidos y las verduras, que deben estar crujientes.

Aderece la pasta con salsa Hoisin y con sambal oelek. Por último, disponga por encima las hojas de albahaca tailandesa y los copos de guindilla con gambas, y sírvala inmediatamente.

**35

Pajaritas con salmón ahumado, guisantes frescos y pesto a la menta
Italia

500 g de guisantes frescos

30 g de mantequilla

4 cl de Noilly Prat

125 g de nata
100 de crème fraîche

Sal
Nuez moscada recién rallada

Un poco de zumo de limón

500 g de pajaritas

1 manojo de menta
½ manojo de perejil

2 cucharadas de almendras molidas

1 cucharada de queso parmesano rallado

8 cucharadas de aceite de oliva virgen extra

200 g de salmón ahumado cortado fino,
cortado en tiras de 2 cm de ancho

Rehogue los guisantes en la mantequilla, sazónelos con sal y nuez moscada y, a continuación, vierta sobre ellos el Noilly Prat. Añada la nata y la crème fraîche, y aderece con zumo de limón y sal.

Hierva las pajaritas al dente en agua salada según las instrucciones del paquete.

Disponga las hojas de menta y de perejil en un robot de cocina, junto con la picada de almendras y el parmesano rallado.

Salpimiente, añada aceite de oliva y bata hasta que la mezcla adquiera una consistencia cremosa. Refrigérelo de inmediato, pues, de lo contrario, este tipo de pesto podría perder color.

Añada las pajaritas a la salsa y revuélvalo bien. En el último momento añada el salmón, revuelva y sírvalo en platos individuales. Para finalizar, vierta una cucharadita de pesto de menta sobre la pasta y sírvala inmediatamente decorada con hojas de menta.

**40

Fideos de arroz con brécol y huevo revuelto al curry

Tailandia

250 g de fideos de arroz

1 brécol (de unos 500 g)

150 g de setas shiitake

1 manojo de puerros tiernos

1 diente de ajo cortado en tiras

1 cucharadita de jengibre recién molido

6 cucharadas de aceite de cacahuete

3 huevos

½ cucharadita de curry en polvo

2 cucharadas de salsa de soja

½ manojo de hojas de cilantro

Hierva los fideos en agua salada, escúrralos y
páselos por agua fría.
Con unas tijeras de cocina, córtelos varias veces
porque resultan demasiado largos.
A continuación, cúbralos y resérvelos hasta que vaya
a utilizarlos.
Corte los ramilletes de brécol, pele el tronco, pártalo
por la mitad y córtelo en tiras.
Limpie las setas y córtelas asimismo por la mitad.
Corte en puerro en trozos de 3 cm de largo.
En un wok, caliente 2 cucharadas de aceite y dore
ligeramente las tiras de brécol durante 2 minutos.
Retírelas del fuego. A continuación, proceda del
mismo modo con los ramilletes.
Dore las setas shiitake, añada el ajo, seguidamente
dore cebolleta en aceite y vuelva a añadir el brécol.
Sazone con curry en polvo y un poco de jengibre
recién rallado. Una vez dorada, retire la verdura hacia
los bordes del wok dejando libre el centro. Revuelva
los huevos con la salsa de soja, el curry, el jengibre y
las hojas de cilantro picadas, y vierta la mezcla en el
centro del wok. Deje cuajar el huevo y revuelva para
mezclarlo.
Por último, añada los fideos, mézclelo bien y déjelo
cocer todo junto durante unos instantes.
Sírvalo en boles individuales.

Todo se aprovecha: el puerro tierno, las setas y hasta el
tronco de brécol, todo va a parar a la cazuela.

Los aromas más apropiados para los
fideos de arroz son el curry en polvo y
la salsa de soja.

** 40

Dore los tallos de brécol y retírelos del wok (1).
Dore igualmente los ramilletes de brécol y retírelos del wok (2).
A continuación, ase ligeramente las setas shiitake (3).
Añada las tiras de ajo a las setas y dórelas (4).
Incorpore la cebolleta y dórela con los otros ingredientes (5).
Vuelva a añadir los troncos de brécol (6).
Agregue las especias (7).
Retire la verdura hacia los lados del wok (8).
Vierta el huevo revuelto en el medio y deje cuajar (9).
Revuelva el huevo y mézclelo con la verdura (10).
Añada los fideos y mézclelo todo bien (11).

Caserecci con gambas, pepino y limón
Italia

1 pepino para ensalada pelado

1 diente de ajo bien picado

1 guindilla seca bien picada

4 cucharadas de aceite de oliva

Sal

20 gambas sin la cabeza ni la piel

2 cucharadas de mantequilla

500 g de caserecci

1 manojo de perejil bien picado

2 limones cortados en gajos

Parta el pepino por la mitad a lo largo y, a continuación, córtelo en tiras de 4 cm de largo por 1 cm de ancho.
Sofría ligeramente el ajo y la guindilla en aceite de oliva. Agregue el pepino y sofría todo durante 4 minutos más. Agregue la mantequilla y rehogue las gambas brevemente.
Hierva los caserecci al dente en abundante agua salada durante unos 8 minutos. Escúrralos e incorpórelos a las gambas. Mezcle la pasta con el perejil picado y páselo todo a una fuente. Decore el plato con los gajos de limón, que pueden exprimirse sobre las gambas, al gusto.

★★ 35

Tortellini al brodo
con apio

Para elaborar el relleno, mezcle bien todos los ingredientes. La masa no debe quedar ni muy húmeda ni muy seca.

Si bien puede servirse de un amasador de madera, no hay nada mejor que la macarronera.

No coloque cucharadas demasiado colmadas en los cuadrados de masa para evitar que el relleno se salga al cerrar los tortellini.

Pinte los bordes con huevo, dóblelos y presione. Los tortellini ya están listos.

Tortellini al brodo con apio
Italia

Prepare un caldo de pollo como se indica en
la receta Sopa de pasta con perejil y levística
(véanse págs. 6 y 90)

2 yemas de huevo

1 manojo de perejil

Sal
Nuez moscada recién rallada
Pimienta negra recién molida

500 g de masa para ravioli (véase receta pág. 162)

1 huevo
Algunas hojas del corazón del apio
Algunas ramitas de perejil

Para elaborar el relleno, retire la piel y los huesos del
pollo, y corte la carne en dados pequeños antes de
que se enfríe del todo. Corte de la misma manera las
verduras cocidas (zanahorias, hinojo y puerro). Antes
de que se enfríen, mezcle todos estos ingredientes
con las yemas de huevo. Aderece la mezcla con
perejil picado, sal, pimienta negra y nuez moscada,
y resérvela hasta que vaya a utilizarla.
Pase la masa para ravioli por la macarronera de
modo que quede fina. Es importante hacerlo
varias veces. Cada vez que la pase, enharine las
láminas de pasta, dóblelas por la mitad y vuelva
a introducirlas. De este modo, la masa adquirirá
la consistencia deseada. A continuación, corte las
láminas en cuadrados de 10 a 12 cm de lado y
disponga encima porciones de relleno del tamaño
de una nuez con la ayuda de una cucharilla.
Mezcle el huevo con una cucharada de agua y pinte
con la mezcla los bordes de los cuadrados. Cierre las
esquinas en diagonal y presione bien los bordes para
formar un triángulo.
Disponga los triángulos de tal modo que el ángulo
recto quede hacia adelante. Tome ambos extremos

entre los dedos pulgar e índice, dóblelos hacia
abajo y presiónelos.
Deje reposar los ravioli en el caldo de pollo
hirviendo entre 2 y 3 minutos.
Sírvalos en platos de sopa espolvoreados con
hojas de apio, hojas de perejil picadas y pimienta
negra.

Nota
Una vez servido, en Italia a este plato se le
suele añadir una cucharada de parmesano
tierno rallado y unas gotas de aceite de oliva,
naturalmente, virgen extra.

**120

Pappardelle verdes con cantarelas pequeñas y salmón

Italia / Francia

250 g de salmón sin la piel, cortado en lonchas

Un poco de zumo de limón

250 g de cantarelas limpias

30 g de mantequilla

150 g de nata
50 g de crème fraîche

600 g de pappardelle verdes
(véase receta pág. 157)

½ manojo de perejil picado

Sal
Pimienta negra recién molida
Nuez moscada recién rallada

Corte las lonchas de salmón en tiras de
1 cm de ancho por 5 cm de largo y déjelas
marinar en el zumo de limón. Rehogue las
cantarelas en una sartén con la mantequilla.
Sazone con la sal, la pimienta y la nuez
moscada, y vierta encima la nata y la crème
fraîche. Deje cocer todo junto y añada los
pappardelle cocidos en abundante agua salada
durante unos 2 minutos, además de las tiras de
salmón marinado; revuelva bien.
Espolvoree con perejil picado y aderece con
pimienta y nuez moscada.

Nota
Esta receta también puede elaborarse con
tagliatelle o tagliolini. Para quienes la prefieran
algo más ligera, en lugar de la salsa de nata,
pueden rehogarse dos cebolletas cortadas
en aros y varios tomates cherry partidos por
la mitad, ingredientes que combinan a la
perfección con las cantarelas.
El salmón casa asimismo estupendamente
con las setas.

No lave las cantarelas; quíteles la arena y la tierra con un
cepillo suave, y límpielas con un cuchillo.

⋆⋆40

Un rallador de parmesano de este tipo resulta especialmente práctico: el queso rallado no se desperdiga, sino que se recoge todo en el cajón y luego puede espolvorearse sobre la pasta a voluntad.

Spätzle de queso con cebollas asadas
Sur de Alemania

7 huevos

350 g de harina del tipo 405

Sal
Pimienta blanca recién molida
Nuez moscada recién rallada

200 g de cebolla cortada en tiras a lo largo

80 g de mantequilla

200 g de queso emmental

2 cebollas blancas cortadas en rodajas

1 cucharada de harina del tipo 405

1 cucharadita de pimentón dulce en polvo

1 litro de aceite de cacahuete

Elabore una masa homogénea con los huevos, la harina, 1 cucharada de agua, la nuez moscada y la sal, y déjela reposar unos 15 minutos. La masa debe formar burbujas.
Funda la mantequilla, añada las tiras de cebolla y fríalas hasta que adquieran un todo dorado.
Trabaje la masa de spätzle sobre una tabla de amasar pasta húmeda, forme los spätzle dejando que sobresalgan del borde y páselos directamente a una cacerola con agua salada hirviendo con la ayuda de una espátula. Déjelos cocer brevemente. Cuando los spätzle emerjan a la superficie, retírelos con una espumadera y dispóngalos en capas en un molde refractario con el emmental recién rallado. Sazone con pimienta y vierta encima un poco del agua de cocción. Caliente el horno a 200 °C y gratínelos ligeramente, para que el queso se funda.
Entretanto, distribuya las rodajas de cebolla sobre una bandeja metálica y separe los aros. Espolvoréelos con harina y pimentón, y áselos en aceite caliente a 160 °C hasta que se doren.

Páselos a un plato cubierto con papel de cocina y sálelos ligeramente.
Sirva los spätzle de queso en platos individuales decorados con los aros de cebolla.

Nota
Si no dispone de demasiado tiempo, emplee spätzle caseros secos para degustar esta deliciosa receta.

40

Rotelle con salsa de calabaza

EE.UU.

1 calabaza Hokkaido de 1,5 kg aprox.

1 ajo chalote picado

½ diente de ajo picados

60 g de mantequilla

1 zanahoria cortada en dados

1 tallo de apio cortado en dados

1 cucharadita de pimentón dulce en polvo

1 cucharadita de curry en polvo

1 pizca de jengibre en polvo

1 cucharada de concentrado de tomate

1 cucharada de vinagre de vino blanco

500 ml de caldo de pollo
(véase receta pág. 16)

Sal
Pimienta negra recién molida
Nuez moscada recién rallada

400 g de rotelle

100 g de queso cheddar rallado

150 ml de crème fraîche

Corte la rodaja de la parte superior de la calabaza. Si retira la pulpa, obtendrá una bonita sopera.

La forma más práctica de extraer la pulpa de la calabaza es servirse de una cuchara.

Corte la rodaja de la parte superior de la calabaza y aplaste un poco la parte inferior para que se sostenga derecha. Con la ayuda de una cuchara, raspe el interior fibroso y las semillas. Retire la pulpa dejando un grosor de 1 cm aproximadamente y córtela en dados grandes. Sofría el ajo y el ajo chalote con la mantequilla, añada las verduras y siga sofriéndolos otros 5 minutos. Incorpore la pulpa de calabaza y salpimiente la mezcla. Rehóguelo todo ligeramente sin que adquiera color. Espolvoree con el pimentón, el curry y el jengibre, y vierta un poco de vinagre (con ello evitará que el pimentón se vuelva demasiado amargo al calentarlo).

Agregue el concentrado de tomate y sofríalo brevemente. Vierta encima el caldo de pollo y déjelo estofar tapado durante unos 20 minutos, hasta que la calabaza se deshaga. Pásela por la batidora y aderécela con sal y nuez moscada. Entretanto, hierva los rotelle en agua salada sólo la mitad del tiempo de cocción indicado, escúrralos y mézclelos con la salsa de calabaza. Por último, incorpore el cheddar rallado y rellene con la mezcla la calabaza vacía. Disponga la calabaza en un molde refractario y hornéela a 190 °C durante 20 minutos en el horno precalentado. Retírela del horno y sírvala con crème fraîche por encima.

**60

Tagliatelle negros con bogavante asado en su caparazón

Francia

2 bogavantes frescos de 500 g

2 cucharadas de aceite de oliva virgen extra

40 g de mantequilla

1 ajo chalote picado

½ diente de ajo bien picado

150 g de zumo de tomate

500 g de tagliatelle negros secos

30 g de mantequilla fría

Sal

Pimienta de cayena

Al estar cocinado con el caparazón, el bogavante adquiere un aroma particular.

Sumerja los bogavantes en agua salada hirviendo durante 10 segundos, retírelos y déjelos enfriar. Separe la cola del cuerpo y, con la ayuda de un cuchillo afilado, parta la cabeza por la mitad a lo largo. Retire el vientre y los intestinos. Corte en medallones las tres primeras articulaciones de la cola del bogavante, y el resto de la cola, por la mitad a lo largo. Retire el hilo intestinal. Golpee y rompa las pinzas y las patas del bogavante con un mango de cuchillo pesado.

Caliente el aceite en una sartén grande, añada los trozos de bogavante con la parte cortada hacia abajo y sofríalos ligeramente durante unos 5 minutos. Sazone con la sal y la pimienta de cayena. Incorpore luego en la sartén las pinzas y las patas, añada la mantequilla, y rehóguelo 5 minutos más a fuego lento, rociándolo con frecuencia con la grasa. Pase los trozos de bogavante a un plato y manténgalos calientes. En el jugo de cocción, rehogue el ajo chalote y el ajo, y vierta sobre ellos el zumo de tomate; déjelo reducir unos instantes. Entretanto, hierva los tagliatelle negros según las instrucciones del paquete, mézclelos con la

mantequilla fría y dispóngalos en el centro de una fuente grande.

Disponga los trozos de bogavante encima y alrededor de la pasta y, por último, riéguelo todo ligeramente con la salsa.

Nota

En esta receta el bogavante puede sustituirse por cangrejo de río o langostinos. Si la pasta negra no es de su agrado, pruebe a elaborar este plato con espaguetis o con tagliatelle verdes.

** 45

Fiorelli con salsa de anchoas al hinojo y sardinas asadas

Cerdeña

2 bulbos de hinojo

2 dientes de ajo bien picados

10 filetes de anchoa

½ cucharadita de semillas de hinojo picadas

4 cucharadas de aceite de oliva virgen extra

100 ml de vino blanco seco

500 g de fiorelli

12 sardinas limpias

2 cucharadas de piñones tostados

½ manojo de albahaca

Sal
Pimienta negra recién molida

2 cucharadas de pesto (véase receta pág. 92)

El pescado fresco se reconoce por presentar ojos nítidos y por su fresco aroma a mar.

Para elaborar la salsa, corte los bulbos de hinojo a lo largo en tiras finas y rehóguelas en aceite de oliva.
Añada los dientes de ajo picados, los filetes de anchoa y las semillas de hinojo, y siga rehogando; vierta el vino blanco. Mezcle con esta salsa los fiorelli, que entretanto habrá hervido según las instrucciones del paquete, y revuélvalo todo bien.

Escurra los filetes de sardina en papel de cocina, salpimiente la parte exterior y áselos por ambos lados en una parrilla durante unos 3 minutos. Sirva los fiorelli en platos, añada las sardinas asadas y distribuya por encima los piñones tostados y las hojas de albahaca fresca; rocíe las sardinas con el pesto.

**40

Pizza de espaguetis
con setas de ostra y mozzarella

Pizza de espaguetis
con setas de ostra y mozzarella
Italia

400 g de espaguetis cocidos el día anterior

30 g de aceitunas negras deshuesadas

100 g de setas de ostra

2 tomates carnosos maduros, preferentemente de Montserrat

1 trozo de queso mozzarella

50 g de mantequilla

50 ml de aceite de oliva

Sal
Pimienta blanca recién molida

2 cucharadas de pesto (véase receta pág. 92)

Las pizzas también pueden elaborarse con otros tipos de pasta, como bucatini o linguine.

Mezcle los espaguetis cocidos con las aceitunas negras picadas gruesas y salpimiente.
En una sartén antiadherente de unos 15 cm de diámetro, caliente un poco de mantequilla y un poco de aceite.
Forme pequeños nidos con los espaguetis y dórelos por ambos lados.
Dispóngalos sobre una fuente de horno y ase un total de cuatro pizzas de pasta.
De la misma forma, en una sartén antiadherente con un poco de mantequilla dore las setas de ostra por ambos lados y salpimiéntelas.
Retire el corazón de los tomates con un cuchillo afilado y córtelos en lonchas finas.
Cubra las pizzas con lonchas de mozzarella, tomate y setas superpuestas a modo de tejas, y gratínelas a 220 °C en el horno precalentado unos 5 minutos, hasta que la mozzarella se funda.
Sirva las pizzas aliñadas con unas gotas de pesto.

Nota
Siempre que le sea posible, emplee tomates de Montserrat, pues poseen un sabor mucho más intenso y dulce que los otros tipos de tomate.

**35

Pasta con ragú de conejo  y albaricoques al romero

Francia / Suiza

El romero confiere a los albaricoques un toque de sabor especial.

400 g de muslos de conejo

1 cucharada de harina para rebozar

2 cucharadas de aceite

1 zanahoria pelada

¼ bulbo de hinojo

4 cebollas peladas

2 cucharadas de concentrado de tomate

5 granos de pimienta
2 granos de pimienta de Jamaica
5 enebrinas
2 clavos
1 hoja de laurel

250 ml de vino tinto

750 ml de agua

2 cortezas de naranja cortadas en juliana

500 g de rollini suizos

4 albaricoques maduros

2 cucharadas de mantequilla

1 cucharadita de azúcar

1 cucharada de hojas de romero fresco

1 cucharada de vinagre de vino blanco

Sal
Pimienta negra recién molida

Retire los tendones de los muslos de conejo y corte la carne en dados pequeños. Salpiméntela, enharínela y sofríala en aceite. Pique las zanahorias, el apio y la cebolla, y sofríalos ligeramente con el concentrado de tomate durante 5 minutos.

Maje las especias en un mortero y sazone con ellas la carne. Vierta un poco de vino tinto y deje reducir el líquido. Repita de nuevo esta operación. De este modo, la salsa adquirirá un aspecto más apetitoso.

Vierta 500 ml de agua y déjelo cocer tapado a 180 ºC durante 1 hora aproximadamente en el horno precalentado. Remuévalo de vez en cuando y vierta luego el resto de la salsa. Sazone el ragú resultante con sal y pimienta negra recién molida y, por último, incorpore las tiras de naranja: darán al ragú un sabor extraordinariamente fresco.

Hierva la pasta en agua salada, escúrrala y añádala al ragú. Revuelva con cuidado y sirva en platos precalentados.

Entretanto, funda la mantequilla y disponga en ella los albaricoques cortados en cuartos, y déjelos caramelizar con azúcar, pimienta y romero. Disuelva el vinagre en la mezcla y, en el último momento, incorpórela a la pasta con el ragú. Revuelva bien y sirva de inmediato.

Lumaconi con ragú de jabalí y setas asadas

Francia

400 g de espalda de jabalí

Sal
1 cucharada de harina para rebozar
Pimienta negra recién molida

2 cucharadas de aceite

1 zanahoria pelada
¼ de apio nabo pelado
4 cebollas peladas

2 cucharadas de concentrado de tomate

5 granos de pimienta
2 granos de pimienta de Jamaica
5 enebrinas
2 clavos de especia
1 hoja de laurel

250 ml de vino tinto
750 ml de agua

500 g de lumaconi

2 cortezas de naranja cortadas en juliana

4 setas limpias y cortadas no demasiado finas

2 cucharadas de aceite de oliva virgen extra

2 cucharadas de mantequilla

1 ajo chalote bien picado

½ diente de ajo bien picado

1 cucharada de perejil de hoja plana bien picado

Nuez moscada recién rallada

Las setas pueden congelarse enteras. De este modo puede disponerse de setas frescas durante todo el año.

Retire los tendones de la espalda de jabalí y corte la carne en dados pequeños. Salpimiéntela, enharínela y sofríala en aceite. Corte las zanahorias, el apio nabo y la cebolla en dados pequeños, y añádalos a la carne con el concentrado de tomate; áselos ligeramente durante 5 minutos.

Pique las especias en un mortero y sazone con ellas la carne. Vierta un poco de vino tinto y deje reducir el líquido. Repita de nuevo esta operación. De este modo, la salsa adquirirá un aspecto más apetitoso.
Vierta 500 ml de agua y déjelo estofar tapado a 180 °C durante 1 hora aproximadamente en el horno precalentado.
Remueva de vez en cuando y vierta el resto de la salsa.
Sazone el ragú con sal y pimienta negra recién molida y, por último, incorpore las tiras de naranja.
Hierva la pasta en abundante pasta salada, escúrrala y añádala al ragú. Mézclelo todo con cuidado y sírvalo en platos individuales precalentados.
Entretanto, sofría las setas por ambos lados en aceite de oliva y mantequilla. Añada el ajo chalote y el ajo, y remuévalo todo unos instantes. Sazone con sal, pimienta y nuez moscada recién rallada, y espolvoree con perejil.

*** 90

Masa de pasta de tomate

Masa de pasta de setas

Masa de pasta de espinacas

Masa de pasta fresca

Masa de pasta de chocolate

Masa de pasta blanca

400 g de harina

200 g de sémola de trigo duro

3 huevos

6 yemas de huevo

2 cucharadas de aceite

1 pizca de sal

Mezcle la harina con el resto de los ingredientes
hasta obtener una masa homogénea.

Nota
Gracias al aceite, la masa de pasta se vuelve
maleable y permite una mejor manipulación.
Envuelva la masa de pasta en film transparente
y déjela reposar aproximadamente 1 hora.

Masa de pasta blanca

Copos de pasta

Pasta casera

Tagliolini de espinacas

Ravioli

Tagliolini de tomate

Pappardelle de espinacas

Tagliatelle de chocolate

Cuerdas de guitarra

Tortellini

Tagliatelle de setas

Lasaña de espinacas

155

Masas de pasta

Masa de pasta de espinacas
400 g de espinacas con la raíz
6 yemas de huevo
450 g de harina
200 g de sémola de trigo duro
3 huevos
2 cucharadas de aceite
1 pizca de sal

Deseche los tallos de las espinacas y lávelas bien. Hiérvalas en abundante agua salada entre 5 y 8 minutos. Cuélelas, páselas por agua fría y escúrralas bien. Una vez secas, pase las espinacas por la batidora (1). Añada los huevos, la harina, la sémola, el aceite y la sal, y bata hasta obtener una mezcla homogénea (2+3). Según la consistencia de la masa, agregue un poco más de harina (4). Envuelva la masa de pasta de espinacas en film transparente y déjelo reposar aproximadamente 1 hora.

Masas de pasta

Masa de pasta de tomate

440 g de harina
200 g de sémola de trigo duro

3 huevos
6 yemas de huevo

2 cucharadas
de concentrado de tomate

2 cucharadas de aceite

1 pizca de sal

El concentrado de tomate confiere a la masa su color rojo vivo.

Pase la harina y la sémola de trigo duro a un bol. Mezcle los huevos y las yemas de huevo con el concentrado de tomate y añádalos a la harina. Agregue aceite y sal, y amase hasta obtener una mezcla homogénea. Gracias al aceite, la masa de pasta se vuelve maleable y permite una mejor manipulación. Envuelva la masa de pasta en film transparente y déjela reposar 1 hora.

Masa de pasta de setas

400 g de harina
200 g de sémola de trigo duro

40 g de setas secas (rebozuelos o senderuelas)

3 huevos
7 yemas de huevo

2 cucharadas de aceite

1 pizca de sal

Con la batidora es un abrir y cerrar de ojos: las setas quedan perfectamente picadas.

Forme una masa homogénea con la harina, la sémola de trigo duro, las setas secas picadas, los huevos, las yemas de huevo, el aceite y la sal. Envuelva la masa de pasta en film transparente y déjela reposar aproximadamente 1 hora.
Se trata de una masa muy aromática, que se emplea sobre todo en otoño acompañada de carnes o salsas de carne de ave.

Masa de pasta de chocolate

400 g de harina
200 g de sémola de trigo duro

80 g de cacao en polvo
30 g de azúcar glas

4 huevos
6 yemas de huevo

2 cucharadas de aceite

1 pizca de sal

Mezcle la harina, la sémola de trigo, el cacao y el azúcar con el resto de los ingredientes hasta formar una masa homogénea. Envuelva la masa de pasta en film transparente y déjela reposar aproximadamente 1 hora.

La masa no despliega su aroma a chocolate hasta que se cuece en agua.

Para elaborar la masa de chocolate utilice solamente cacao puro sin azúcar.

Para preparar la pasta de ravioli y de lasaña hay que pasarla varias veces por la macarronera. Cada vez que la pase, enharine las láminas de pasta, dóblelas por la mitad y vuelva a introducirlas en la máquina. Sólo de este modo, la pasta adquirirá la consistencia deseada. Una vez lista, enharine la pasta y déjela reposar un poco hasta que la necesite.

Masa para ravioli

500 g de harina del tipo 405

3 huevos

2 cucharadas de aceite de oliva

1 pizca de sal

Forme una masa homogénea con la
harina, los huevos, la sal, el aceite y
unos 100 ml de agua. Si la masa queda
demasiado firme, vaya añadiendo un poco
de agua.
Envuelva la masa de pasta en film
transparente y déjela reposar 1 hora en
el frigorífico. A continuación, pásela por
la macarronera con el espesor deseado
y siga trabajándola.

1

2

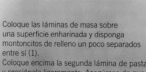

Coloque las láminas de masa sobre
una superficie enharinada y disponga
montoncitos de relleno un poco separados
entre sí (1).
Coloque encima la segunda lámina de pasta
y presiónela ligeramente. Asegúrese de que
no se forman burbujas de aire (2).
Con un molde, marque los ravioli y retire los
restos de masa (3).

3

Ravioli de ricota con mantequilla de salvia

Italia

Delicioso relleno para los ravioli: mézclelo bien y luego dispóngalo sobre la lámina de pasta.

500 de masa para ravioli (véase receta pág. 162)

250 g de queso ricota fresco rallado

2 yemas de huevo

1 cucharada de pesto (véase receta pág. 92)

Sal
Pimienta negra recién molida
Nuez moscada recién rallada

1 huevo para pintar

100 g de mantequilla

1 manojo de salvia con las hojas cortadas

50 g de queso parmesano cortado en láminas finas

Prepare la masa para ravioli y pásela por la macarronera de modo que quede muy fina. Es importante hacerlo varias veces. Cada vez que la pase, enharine las láminas de masa, dóblelas por la mitad y vuelva a introducirlas en la máquina. De este modo, la masa adquirirá la consistencia deseada.
Mezcle el ricota con el pesto y sazone.
Con la ayuda de una cucharilla de café, disponga porciones de relleno del tamaño de una nuez sobre las láminas de masa a una distancia de 5 cm unas de las otras. Mezcle el huevo con una cucharada de agua y pinte ligeramente los bordes con un pincel. Cubra el relleno con una segunda lámina de pasta, presione bien los bordes y fíjelos apretando con la parte posterior de un cortador de galletas redondo de 6 cm de diámetro. Con el cortador, extraiga los ravioli y páselos a una tabla enharinada hasta que vaya a utilizarlos. Si no dispone de ningún cortador de galletas, también puede recortar los ravioli con un cortapastas o con un cuchillo sin sierra. Una vez cortados, hierva los ravioli en agua salada hirviendo entre 4 y 5 minutos, y retírelos cuidadosamente con una espumadera. Entretanto, caliente la mantequilla en una sartén hasta que el suero de la leche adquiera un tono amarillo dorado. Incorpore las hojas de salvia y retire la sartén del fuego. La temperatura de la mantequilla es suficiente para que las hojas de salvia queden bien fritas.
Sale ligeramente la mantequilla. Disponga los ravioli en platos, riéguelos con la mantequilla de salvia y decore con láminas de parmesano.

Nota
Si le sobran muchos ravioli frescos sin cocer, puede guardarlos en el congelador en una bandeja. Congelados, es más fácil manipularlos y guardarlos en un recipiente de plástico o en una bolsa de congelación para que se conserven durante unas semanas. Si es el caso, cuando los hierva alargue el tiempo de cocción entre 1 y 2 minutos, según el tamaño.

***60

Tortelloni de alcachofas con peperonata y piel de naranja
Italia

½ diente de ajo bien picado

1 ajo chalote picado

60 ml de aceite de oliva

4 corazones de alcachofa limpios (unos 200 g)

80 ml de vino blanco seco

150 g de patatas harinosas cocidas

½ cucharadita de hojas de tomillo
½ manojo de albahaca

1 pizca de semillas de cilantro molidas finas
Sal
Pimienta negra recién molida

500 g de masa de pasta blanca (véase receta pág. 153)

1 huevo

8 alcachofas

2 pimientos rojos partidos por la mitad y despepitados

4 cucharadas de aceite de oliva virgen extra

Sal
Pimienta negra recién molida

1 cucharadita de piel de naranja cortada en juliana

Para elaborar el relleno, rehogue el ajo chalote y el ajo en aceite de oliva.
Añada los dados de alcachofa y sazone, vierta el vino blanco, tape la cacerola y deje cocer las alcachofas. En un bol, haga puré las patatas cocidas, tamice con un colador las alcachofas por encima y aderece con el tomillo, las hojas de albahaca cortadas finas, el cilantro, la sal y la pimienta. Deje enfriar el relleno. Pase la masa de pasta por la macarronera para que quede fina. Introduzca la masa repetidas veces en la máquina.

Cada vez que la pase, enharine las láminas de pasta, dóblelas por la mitad y vuelva a introducirlas en la máquina. De este modo, la masa adquirirá la consistencia deseada.
Corte las láminas de masa en cuadrados de 10 a 12 cm y disponga sobre ellos porciones del tamaño de una nuez con la ayuda de una cucharilla de café.
Mezcle el huevo con una cucharada de agua y pinte los bordes de los cuadrados. Cierre las esquinas en diagonal y presione bien los bordes para formar un triángulo. Disponga los triángulos de tal modo que el ángulo recto quede hacia delante. Tome ambos extremos entre los dedos pulgar e índice, dóblelos

En una sartén antiadherente las verduras pueden rehogarse con poca grasa.

hacia abajo, presiónelos y forme pequeñas mitras. Disponga los tortelloni sobre una tabla enharinada y resérvelos hasta que vaya a utilizarlos.
Recorte la parte superior de las alcachofas, retire las hojas verdes exteriores y con un descorazonador de manzanas retire la pelusa del centro.
Córtelas en 6 partes y sumérjalas en agua con limón para que no ennegrezcan.
A continuación, corte los pimientos en tiras largas, y dórelos en aceite de oliva junto con las alcachofas durante 5 minutos aproximadamente. Salpimiente.
Por último, añada las tiras de piel de naranja.
Hierva los tortelloni en abundante agua salada durante 3 minutos e incorpórelos a la mezcla de la sartén. Revuelva bien la pasta y sírvala en platos individuales.

Caracolas de col fermentada doradas en mantequilla

Sur de Alemania

40 g de azúcar

200 ml de cava

60 g de manteca de cerdo

150 g de cebollas cortadas en tiras a lo largo

1 manzana Cox Orange

500 g de col fermentada, preferentemente envasada

6 láminas de masa de pasta blanca de
10 x 20 cm (véase receta pág. 153)

250 g de mantequilla derretida

Sal
Pimienta negra recién molida

150 g de nata agria

1 cucharada de perejil bien picado

No sólo tiene buen aspecto; es un soufflé de sabor inmejorable.

En una cacerola, disuelva el azúcar con un poco de agua y caramelícelo hasta que adquiera un tono dorado. Vierta el cava y déjelo reducir. Añada la manteca de cerdo y las tiras de cebolla, y déjelo cocer unos 10 minutos. Pele la manzana, retire las semillas y córtela en tiras finas. Añádalas, junto con la col fermentada, a la mezcla de cebolla y déjelo cocer todo unos 10 minutos más.

Disponga la mezcla sobre una fuente de horno, alísela y déjela enfriar. La col debe estar seca para evitar que reblandezca la masa al enrollarla.

Distribuya la col sobre las láminas de pasta, enróllelas a lo largo y córtelas en tercios.

En un molde para soufflés engrasado, coloque las caracolas de col en una capa y rocíelas con mantequilla derretida.

Caliente el horno a 180 ºC y hornee la pasta entre 30 y 35 minutos.

Retírela del horno, pásela con cuidado a platos individuales y sírvala decorada con nata agria batida, pimienta negra recién molida y perejil.

***45

Caracolas de col fermentada
doradas en mantequilla

Forme láminas de masa de tamaño uniforme, disponga sobre ellas el relleno y enróllelas con sumo cuidado.

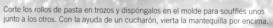
Corte los rollos de pasta en trozos y dispóngalos en el molde para soufflés unos junto a los otros. Con la ayuda de un cucharón, vierta la mantequilla por encima.

La mantequilla confiere a este plato un ligero aroma a nueces.

Ragú de judías
Italia

280 g de judías rojas, sumergidas en agua fría durante 2 horas

50 g de zanahorias picadas

50 g de apio picado

50 g de ajos chalotes picados

½ diente de ajo bien picado

30 g de aceite de oliva

20 g de mantequilla

1 rama de romero
1 hoja de laurel
2 hojas de salvia grandes para acabar de cocer

30 g de concentrado de tomate

1 litro de fondo de carne de ave

Sal
Pimienta negra recién molida

8 trozos de cotechine (salchicha italiana) cruda

20 ml de aceite de oliva

Rehogue la verdura picada y el ajo en una mezcla de aceite de oliva y mantequilla. Añada, a continuación, el laurel y la salvia, el romero y las judías rojas. Agregue el tomate, vierta el fondo de carne de ave y cuézalo ligeramente para que las judías no se deshagan. Retire la rama de romero, las hojas de salvia y el laurel, y rectifique de sabor.
Corte la cotechine en trozos pequeños, cuézala a fuego lento en aceite de oliva y deje cocer un rato más en el ragú de judías. Por último, sazone con pimienta negra recién molida.
Unas gotas del mejor aceite de oliva acaban de redondear el plato.

Albondiguillas de pescado empanadas con fideos sobre ensalada de pepino picante
Tailandia

1 pepino para ensalada pelado

400 g de filetes de lucio

80 g de carne de cangrejo

El zumo de 1 limón

Sal
Pimienta negra recién molida

2 ajos chalotes picados

3 huevos frescos

2 cucharadas de albahaca tailandesa bien picada

50 g de fideos de celofán

1 diente de ajo bien picado

2 cucharadas de vinagre de arroz

1 cucharada de aceite de girasol

1 pizca de sambal oelek

Un poco de azúcar

Aceite para freír

Corte el pepino en láminas finas, sálelo y déjelo reposar durante 20 minutos. A continuación, corte el filete de lucio y la carne de cangrejo en dados pequeños o tritúrelos gruesos en una picadora. Aderécelos con el zumo de limón, sal y pimienta. Añada los ajos chalotes, 1 huevo y la albahaca tailandesa, y mezcle bien todos los ingredientes. Rectifique de sal y pimienta.
Rompa o corte con unas tijeras los fideos en trozos muy pequeños.
Vacíe el agua que ha soltado el pepino y aderece los trozos con ajo, vinagre, 1 cucharada de aceite, sambal oelek, sal y azúcar.
Forme pequeñas bolitas de masa de pescado con dos cucharillas y rebócelas primero en el resto del huevo batido y, luego, en los fideos. Fríalas en aceite caliente hasta que adquieran un tono dorado y déjelas escurrir sobre papel de cocina. Disponga las albondiguillas de pescado sobre la ensalada de pepino picante y sirva.

Medias lunas dulces en leche caliente
Alemania

320 g de medias lunas

500 ml de leche entera fresca

30 g de mantequilla

80 g de azúcar glas

1 pizca de sal

Hierva las medias lunas en abundante agua con una
pizca de sal. Escúrralas y páselas por agua fría.
Cueza la leche y caliente en ella la pasta.
Distribuya en platos hondos y espolvoree con copos
de mantequilla y azúcar glas.

Nota
Los niños gustan de tomarlo como plato único.

Fideos dulces asados con frutas confitadas

India

250 g de fideos de huevo chinos

80 g de almendras partidas por la mitad

120 g de frutas confitadas variadas

50 g de azúcar glas

1 pizca de cardamomo molido

½ cucharadita de cúrcuma

2 cucharadas de aceite vegetal

Hierva los fideos de huevo, déjelos escurrir bien y, antes de que se enfríen, mézclelos con el azúcar glas, las frutas confitadas y las especias.
En una sartén antiadherente, caliente el aceite e introduzca la mezcla que ha elaborado. Dórela ligeramente hasta que los fideos adquieran un tono amarillo dorado. Déles la vuelta y dórelos por el otro lado de la misma forma. Asegúrese de que el fuego no sea demasiado fuerte para que el azúcar no se caramelice en exceso y se vuelva amargo.
Disponga los fideos sobre papel de cocina para que escurran y, a continuación, páselos a una fuente.
Decore con almendras o frutas confitadas al gusto.

Canelones rellenos con hígado de ave y nueces

Italia

120 g de nueces molidas

350 g de hígado de ave

2 yemas de huevo

300 g de ricota (queso fresco italiano)
20 láminas de lasaña o masa de pasta blanca extendida (véase receta pág. 153)

120 g de nata

4 fondos de alcachofa limpios

2 cucharadas de aceite de oliva

3 cucharadas de mantequilla

1 diente de ajo con piel majado

2 ramitas de tomillo

Sal
Pimienta negra recién molida
Nuez moscada recién rallada

Tueste ligeramente las nueces molidas en una cucharada de mantequilla y déjelas enfriar. Corte el hígado de ave en dados pequeños y sofríalo brevemente con una cucharada de mantequilla; salpiméntelo.
Mezcle las nueces, el hígado ya frío y las yemas de huevo con el ricota. Sazone con sal, pimienta y nuez moscada.
Distribuya la mezcla sobre las láminas de masa, que deben ser muy finas, y forme canelones del grosor de un dedo. Unte un molde para soufflés con el resto de la mantequilla y coloque en él los canelones que ha preparado. Vierta encima la nata y hornee a 180 °C durante unos 20 minutos en el horno precalentado.
Corte las alcachofas en rodajas y sofríalas a fuego lento en el aceite de oliva con el ajo y la rama de tomillo; salpiméntelas. Sirva los canelones y las alcachofas asadas en porciones en platos individuales.

Tagliatelle a la carbonara
Italia

150 g de panceta en un solo trozo

1 cebolla

2 cucharadas de aceite de oliva virgen extra

500 g de tagliatelle

300 g de nata

6 yemas de huevo

50 g de queso parmesano recién rallado

Sal
Pimienta negra recién molida
Nuez moscada recién rallada

Retire la corteza y los tendones de la panceta, y córtela en dados pequeños. Pele la cebolla y córtela en dados pequeños. En una sartén grande, cueza los dados de panceta y de cebolla en aceite caliente durante unos 4 minutos. Hierva los tagliatelle al dente en abundante agua salada durante 5 minutos aproximadamente. Déjelos escurrir.
Revuelva bien la nata con las yemas de huevo y el parmesano, y aderécelo con sal, nuez moscada y pimienta.
Mezcle la pasta, todavía caliente, con la panceta y la cebolla, y vierta por encima la salsa de nata. Caliente la mezcla unos instantes, removiendo constantemente. Asegúrese de que la salsa no hierva, pues de lo contrario las yemas se cuajarían. Si es necesario, rectifique la pasta de sabor y sírvala de inmediato.

Fideos de huevo chinos con lenguado y verduras asadas
China

400 g de fideos de huevo chinos

600 g de lenguado en filetes

2 cucharadas de salsa de soja clara

4 cucharadas de salsa Hoisin

2 zanahorias medianas peladas

1 puerro limpio

150 g de setas de ostra

120 g de tirabeques limpios

½ pimiento amarillo
½ pimiento rojo

1 diente de ajo bien picado

6 cucharadas de aceite de girasol

200 g de setas nameko (en conserva)

1 cucharada de sambal oelek

Hierva los fideos de huevo según las instrucciones del paquete. Cuélelos y páselos por agua fría. Déjelos escurrir bien. Corte el lenguado en trozos de la medida de un bocado y déjelo marinar en un poco de salsa de soja y unas gotas de salsa Hoisin. Corte la zanahoria y el puerro en juliana. Según el tamaño, corte las setas de ostra por la mitad o en tres trozos.
Parta los tirabeques en diagonal. Despepite los pimientos, límpielos y córtelos en rombos de 1 cm. Caliente 4 cucharadas de aceite en un wok y dore en él las verduras, una tras otra. Comience por las zanahorias y siga con los tirabeques, el pimiento y el ajo. Las verduras deben quedar crujientes.
Por último, añada a las verduras los trozos de lenguado marinados y las setas nameko escurridas, y deje que se cueza todo bien. Aderece con salsa Hoisin y con sambal oelek. Sofría los fideos en el resto del aceite caliente y mézclelos con las verduras. Rectifique de sabor con un poco de salsa de soja.

Fideos con salsa de café y cardamomo

Turquía

450 g de patatas harinosas cocidas con piel
el día anterior

150 g de harina del tipo 405
50 g de almidón de patata

2 yemas de huevo

Sal
60 g de azúcar
500 ml de café concentrado

4 cl de whisky

8 semillas de cardamomo blanco

60 g de mantequilla de nata dulce fría cortada
en rodajas
200 g de crème fraîche

10 granos de café molidos

Pele las patatas y rállelas finas. Trabájelas junto con la harina, el
almidón, las yemas y la sal para formar una masa homogénea (1).
Forme tiras de 1 dedo de grosor y córtelas en trozos
de 1 cm (2).
Enharínese las palmas de las manos y con cada trozo de masa
forme fideos de entre 8 y 10 cm de largo con los extremos
puntiagudos. Páselos a una tabla enharinada (3).
Introdúzcalos en agua hirviendo. En cuanto emerjan a la
superficie, retírelos con una espumadera y páselos por
agua fría.
Entretanto, caramelice ligeramente el azúcar en una sartén grande.
Disuélvalo con el whisky, añada el cardamomo y vierta
el café.
Deje reducir a un tercio aproximadamente.
Añada los fideos a la salsa de café, añada las rodajas de
mantequilla fría y revuelva lentamente.
Sirva en platos y disponga encima 2 cucharadas de crème fraîche.
Por último, espolvoree con los granos de café molidos.

177

Tagliatelle de chocolate con salsa de naranja, maracuyá y tiras de mango
Florida

300 g de masa pasta de chocolate
(véase receta
pág. 158)

1 naranja

100 g de azúcar

1 rama de canela

250 ml de zumo de naranja
La pulpa de 2 maracuyás
Los gajos de 2 naranjas
1 mango pelado

50 g de mantequilla fría

La pasta de chocolate no es sólo para los golosos más pequeños.

Las frutas cítricas son las que mejor combinan con el chocolate por su sabor entre dulce y ácido.

Introduzca la masa de chocolate por la macarronera para obtener láminas finas. Pásela por el cortador de tagliatelle y dispóngala en platos en porciones para que se seque ligeramente hasta que vaya a utilizarla. Para obtener la ralladura de naranja, lave las naranjas con agua caliente y séquelas. Con un pelador de verduras, saque tiras de piel finas de modo que no queden en ella restos de la piel blanca que tiene debajo. Corte la piel en tiras largas y finas, introdúzcalas en agua hirviendo y escáldelas 5 segundos. Páselas por agua fría y, en una cacerola pequeña con 40 g de azúcar y 100 ml de agua, cuézalas ligeramente hasta que se haya reducido el líquido y estén empapadas con el sirope. Deposítelas en un vaso y resérvelas.
Para preparar la salsa, caramelice 60 g de azúcar hasta que adquiera un tono amarillo dorado, añada la rama de canela y disuelva en la mezcla el zumo de naranja. Añada la pulpa de maracuyá y deje reducir el líquido a la mitad. Pase la salsa e incorpore los gajos de naranja y la pulpa de mango cortada en tiras.
Entretanto, hierva la pasta de chocolate en agua un poco salada durante 2 minutos, cuélela y añádala a la salsa.

La macarronera lo hace posible: tiras finas y regulares.

Deje cocer unos minutos más en la salsa y, por último, incorpore la mantequilla y revuelva.
Sírvalo en platos individuales decorado con las tiras de piel de naranja.

Ravioli de queso de cabra con mantequilla de tomate y aceite de pesto

Italia

400 g de masa para ravioli (véase receta pág. 162)

1 rulo de queso de cabra mediano

8 hojas de espinacas limpias

1 huevo para pintar

1 ajo chalote picado

½ diente de ajo bien picado

4 cucharadas de aceite de oliva virgen extra

200 ml de zumo de tomate

Sal
Pimienta negra recién molida
1 pizca de azúcar

40 g de mantequilla fría

1 cucharada de pesto (véase receta pág. 92)

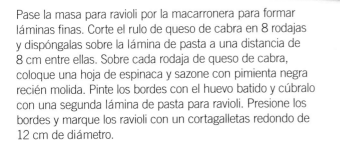

Pase la masa para ravioli por la macarronera para formar láminas finas. Corte el rulo de queso de cabra en 8 rodajas y dispóngalas sobre la lámina de pasta a una distancia de 8 cm entre ellas. Sobre cada rodaja de queso de cabra, coloque una hoja de espinaca y sazone con pimienta negra recién molida. Pinte los bordes con el huevo batido y cúbralo con una segunda lámina de pasta para ravioli. Presione los bordes y marque los ravioli con un cortagalletas redondo de 12 cm de diámetro.

Entretanto, rehogue el ajo y el ajo chalote con 2 cucharadas de aceite de oliva. Sazone con sal, pimienta y azúcar, y vierta encima el zumo de tomate. Déjelo cocer ligeramente durante unos 5 minutos y, por último, incorpore la mantequilla y revuélvalo hasta que se haya fundido por completo.
Introduzca los ravioli en abundante agua salada y déjelos hervir. Retírelos del fuego y déjelos reposar durante 1 minuto. Sirva la pasta en platos precalentados, vierta sobre ella la mantequilla de tomate y rocíela con el pesto que habrá mezclado con el aceite restante.

*** 40

Ravioli de remolacha con mantequilla de adormidera
Italia

2 remolachas medianas

250 g de patatas harinosas cocidas

100 g de queso ricota

2 yemas de huevo

Sal gema
Azúcar
Pimienta blanca recién molida
Nuez moscada recién rallada

300 g de masa para ravioli (véase receta pág. 162)

1 huevo para pintar

120 g de mantequilla

60 g de adormidera molida

Atención: la remolacha impregna de rojo la piel. Para manipularla es preferible utilizar guantes de goma y ponerse un delantal.

Introduzca la remolacha en una cacerola con agua hirviendo. Aderece el agua generosamente con sal y azúcar, y deje cocer la remolacha unos 15 minutos. Déjela enfriar y pélela con las manos bajo el chorro de agua. Rállela fina, y repita la operación con las patatas.
Mezcle los tubérculos con el ricota y las yemas de huevo, y aderécelo con sal, pimienta blanca y nuez moscada.
Extienda la masa para ravioli en una capa muy fina, píntela con el huevo batido y, con una cuchara pequeña, disponga sobre ella montoncitos de relleno del tamaño de una nuez separados por unos 5 cm.
Extienda más masa y cubra con ella la lámina inferior; presione ligeramente la lámina de arriba.

Con sumo cuidado, aplaste la zona de masa que rodea el relleno para que no se formen burbujas en los ravioli. De lo contrario podrían romperse al cocerlos.
Con un cortagalletas redondo dentado de unos 5 o 6 cm de diámetro, forme los ravioli e introdúzcalos en abundante agua hirviendo; déjelos hervir sólo 1 o 2 minutos. Retírelos del agua y sírvalos en platos precalentados.
Entretanto, espume la mantequilla y añada la adormidera molida.
Sale ligeramente la mantequilla de adormidera y dispóngala inmediatamente por encima de los ravioli.

***70

Lasaña de ciruelas con almendras tostadas

Austria

500 g de ciruelas maduras

170 g de mantequilla de nata dulce

110 g de azúcar

1 vaina de vainilla

100 g de pan blanco fresco sin la corteza

100 g de almendras peladas y ralladas

½ cucharadita de canela molida

8 láminas de lasaña blanca

250 g de anta agria

1 cucharadita de azúcar glas

Hojas de menta para decorar

Si bien existen muchos tipos de ciruelas, para esta receta las más adecuadas son las ciruelas negras de pulpa roja.

Retire el hueso de las ciruelas y córtelas en tiras. En una sartén, derrita 40 g de mantequilla y 50 g de azúcar. Parta la vaina por la mitad, extraiga la vainilla y corte la vaina en trozos de 4 cm; incorpórelo todo en la sartén.

Añada las tiras de ciruela y revuelva. No deje cocer las ciruelas demasiado para que no se deshaga la pulpa. Funda el resto de la mantequilla y añádale el pan blanco rallado junto con las almendras molidas, el resto del azúcar y la canela; dore la mezcla hasta que adquiera un tono amarillo dorado.

Entretanto parta las láminas de lasaña por la mitad en diagonal (preferentemente, rómpalas con el canto de una mesa) y hiérvalas en agua ligeramente salada siguiendo las instrucciones del paquete.

Revuelva bien la nata agria con el azúcar glas.

Vierta un poco de ragú de ciruelas en platos y cúbralo con una lámina de lasaña. Sobre ésta, vierta algo más de ragú de ciruelas, un poco de mezcla de pan y almendras, y una cucharada de nata agria. Repita hasta que cada plato tenga 4 capas de lasaña.

Por último, decore el plato con hojas de menta y sírvalo.

***45

Índice de tiempos

60±   90<

Índice de países